- *Saligprisningerne* -

Et menneske, som stræber efter sande velsignelser

Dr. Jaerock Lee

*"Velsignet den mand, som stoler på Herren
og tager sin tilflugt hos ham.
Han bliver som et træ, der er plantet ved bækken;
det sender sine rødder mod vandløbet,
det frygter ikke, når sommerheden kommer,
dets blade er grønne.
Det bekymrer sig ikke i tørkeår
og holder ikke op med at bære frugt."*

(Jeremias' Bog 17:7-8)

Et menneske, som stræber efter sande velsignelser Dr. Jaerock Lee
Udgivet af Urim Books (Repræsentant: Seongnam Vin)
73, Yeouidaebang-ro 22-gil, Dongjak-gu, Seoul, Korea
www.urimbooks.com

Alle rettigheder er reserveret. Denne bog eller dele heraf må ikke reproduceres, lagres eller transmitteres på nogen måde, hverken elektronisk, mekanisk, som kopi eller båndoptagelse uden skriftlig tilladelse fra udgiveren.

Medmindre andet bemærkes er alle citater fra Bibelen, Det Danske Bibleselskab, 1997.

Copyright © 2020 ved Dr. Jaerock Lee
ISBN: 979-11-263-0583-4 03230
Oversættelsescopyright © 2011 ved Dr. Esther K. Chung. Brugt med tilladelse.

Udgivet første gang i februar 2020

Tidligere udgivet på koreansk af Urim Books i 2007

Redigeret af Dr. Geumsun Vin
Design: Redaktionsbureauet ved Urim Books
Tryk: Prione Printing
For yderligere information, kontakt venligst: urimbook@hotmail.com

En note omkring denne udgivelse

På et universitet i Rom finder man følgende historie: En studerende, som havde økonomiske vanskeligheder, opsøgte en gammel rig mand for at bede om hjælp. Den gamle mand spurgte, hvad han skulle bruge pengene til. Studenten sagde, at det var til afslutte studierne.

"Og derefter?"

"Så skal jeg tjene penge."

"Og derefter?"

"Så skal jeg giftes."

"Og derefter?"

"Så bliver jeg gammel."

"Og derefter?"

"Så dør jeg til sidst."

"Og derefter?"

"...."

Der kan drages en god lære af denne historie. Hvis den studerende havde været et menneske, der stræbte efter sande velsignelser, som han kunne have til evig tid, ville han have svaret: "Så kommer jeg i himlen", da den gamle mand stillede det sidste spørgsmål.

I dette samfund tror folk generelt, at det er en velsignelse at have ting såsom velstand, godt helbred, magt og fred i familien. De stræber efter at opnå disse ting. Men hvis vi ser omkring os, vil vi opdage, at der kun er få personer, som har alle disse velsignelser.

En note omkring denne udgivelse · vii

Nogle familier er måske rige, men så har de problemer eller måske er der dårlige forhold mellem forældre og børn eller i forhold til svigerfamilien. Og selv et menneske med godt helbred kan miste livet i ethvert øjeblik på grund af ulykke eller sygdom.

I april 1912 var der tusindvis af mennesker, som var på en fredelig rejse med et luksuriøse krydstogskib, der kom ud for en tragisk ulykke. "Titanic", som havde 2300 personer om bord, sejlede ind i et isbjerg og sank på sin jomfrurejse. Det var datidens største krydstogtskib og prangede af luksus, men ingen vidste, at det ville gå ned i løbet af få timer.

Ingen kan forudsige morgendagen med sikkerhed. Selv om et menneske har velstand, berømmelse og magt i denne verden gennem hele dets liv, så kan vedkommende ikke anses for velsignet, hvis han falder i helvede og må lide til evig tid. Den sande velsignelse er derfor at blive frelst og komme i himmeriget.

For omkring 2000 år siden begyndte Jesus sit offentlige virke med budskabet: *"Omvend jer, for Himmerigets komme er nær!"* (Matthæusevangeliet 4:17). Det første budskab, som fulgte efter denne opfordring, var Saligprisningerne, som er vejen til himlen. De mennesker, der lyttede til Jesus, ville snart forsvinde som en tåge, og han lærte dem derfor om de evige velsignelser, særligt om den sande velsignelse at komme i det himmelske rige.

Han lærte dem også at blive verdens lys og salt, at opfylde ordet med kærlighed, og at opnå velsignelser. Det står der om i Matthæusevangeliet kapitel 5 til kapitel 7. Dette tekststykke kaldes for "Bjergprædikenen."

Saligprisningerne fortæller os sammen med beskrivelsen af spirituel kærlighed i Første Korintherbrev kapitel 13 og Helligånden frugter i Galaterbrevet 5, hvordan vi kan blive spirituelle mennesker.

De er anvisninger, som hjælper os med at undersøge os selv, og det essentielle indhold er, at vi skal helliggøre os for at komme i Ny Jerusalem, hvor Guds trone står, og hvor de bedste boliger i himlen findes.

Denne bog *Et menneske som stræber efter sande*

velsignelser er en sammenfatning af de prædikener over Saligprisningerne, som jeg har holdt i kirken af flere omgange.

Hvis vi opnår det, som står i Saligprisningerne, vil vi ikke alene være i stand til at nyde denne verdens velsignelser såsom velstand, godt helbred, berømmelse, magt og fred i familien, men også opnå adgang til Ny Jerusalem som vores himmelske bolig. De velsignelser, som gives af Gud, kan ikke rystes under nogen form for vanskeligheder. Hvis vi opnår Saligprisningerne, vil vi ikke mangle noget.

Jeg beder til at mange mennesker gennem denne bog vil forandres til åndelige mennesker, som stræber efter sande velsignelser og får de velsignelser, som Gud har beredt til dem. Jeg takker også Geumsun Vin, som er direktør for forlaget, og alle medarbejderne.

Jaerock Lee

Obsah

En note omkring denne udgivelse

Kapitel 1 : Den første velsignelse

Salige er de fattige i ånden,
for Himmeriget er deres   1

Kapitel 2 : Den anden velsignelse

Salige er de, som sørger,
for de skal trøstes   21

Kapitel 3 : Den tredje velsignelse

Salige er de sagtmodige,
for de skal arve jorden   37

Kapitel 4 : Den fjerde velsignelse

Salige er de, som hungrer og tørster efter retfærdighed,
for de skal mættes   55

Kapitel 5 : Den femte velsignelse

Salige er de barmhjertige,
for de skal møde barmhjertighed   69

Kapitel 6 : Den sjette velsignelse

Salige er de rene af hjertet,
for de skal se Gud   89

Kapitel 7 : Den syvende velsignelse

Salige er de, som stifter fred,
for de skal kaldes Guds børn   105

Kapitel 8 : Den ottende velsignelse

Salige er de, som forfølges på grund af retfærdighed,
for Himmeriget er deres   125

Kapitel 1
Den første velsignelse
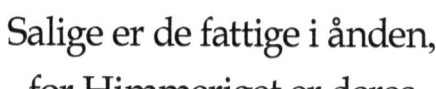

Salige er de fattige i ånden, for Himmeriget er deres

2 · Et menneske, som stræber efter sande velsignelser

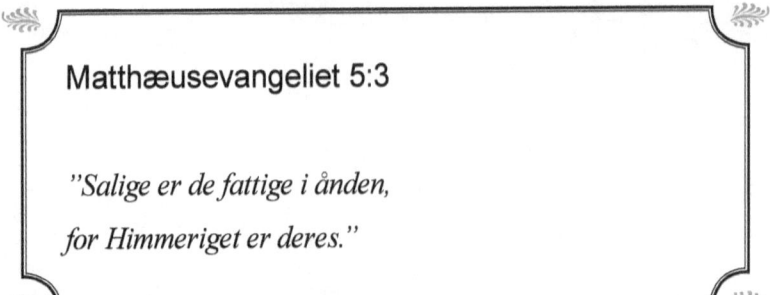

Matthæusevangeliet 5:3

"Salige er de fattige i ånden, for Himmeriget er deres."

En dødsdømt fange i et amerikansk fængsel begyndte at græde, mens han holdt dagens avis i hånden. Hovednyheden var indsættelsen af den 22. præsident for USA, Stephen Grover Cleveland. En fangevogter, som iagttog fangen, spurgte ham, hvorfor han græd så bitterligt. Fangen begyndte at forklare sig med nedbøjet hoved.

Han fortalte følgende: "Stephen og jeg gik på samme skole. En dag, da vi var blevet færdige med undervisningen, hørte vi lyden af en kirkeklokke. Stephen tilskyndede mig til at komme med ham i kirke, men jeg afslog. Så han tog selv i kirke, og jeg gik på bar. Det har gjort vores liv vidt forskellige."

De valg, man foretager på et øjeblik, kan ændre hele livet. Men det drejer sig ikke kun om livet på denne jord. Vores evige liv afhænger også af de valg, vi foretager.

De mennesker, som inviteres til det himmelske festmåltid

I Lukasevangeliet kapitel 14 læser vi om en mand, som afholdt et stort festmåltid og inviterede mange mennesker. Han sendte sin tjener ud for at hente de indbudte, men tjeneren kom alene tilbage. De indbudte havde alle undskyldt sig, fordi de havde for travlt.

"Jeg har købt en mark og bliver nødt til at gå ud og se til den.

4 · Et menneske, som stræber efter sande velsignelser

Jeg beder dig, hav mig undskyldt."

"Jeg har købt fem par okser og skal ud at prøve dem. Jeg beder dig, hav mig undskyldt."

"Jeg har lige giftet mig, og derfor kan jeg ikke komme."

Husets herre sendte så sin tjener ud på byens gader og stræder for at hente de fattige, blinde og lamme, sådan at de kunne deltage i festmiddagen. I denne lignelsen sammenligner Jesus de mennesker, som blev indbudt til festmiddagen med dem, som er blevet indbudt til at deltage i det himmelske festmåltid.

Nutildags vil de mennesker, som er rige i ånde, ofte afvise at tage imod budskabet. De giver mange forskellige undskyldninger for ikke at deltage, mens de mennesker, som er fattige i ånden, er hurtige til at tage imod invitationen. Den første port, man må gå igennem for at opnå sande velsignelser, er derfor at blive et menneske, som er fattigt i ånden.

De fattige i ånden

At være fattig i ånden er at have et fattigt hjerte. Det vil sige et hjerte, som ikke er arrogant, stolt, selvisk, ondt eller indeholder personlige lyster. De mennesker, som er fattige i ånden, har derfor let ved at tage imod budskabet. Når de har taget imod Jesus Kristus, længes de efter spirituelle ting. De forandrer sig også hurtigt ved Guds hjælp.

Nogle kvinder siger: "Min mand er et godt menneske, men han vil ikke tage imod budskabet." Folk anser andre mennesker for gode, hvis de undlader at gøre onde ting. Men selv om et menneske synes at være godt, så kan vi ikke for alvor sige, at vedkommende er god, hvis han undlader at tage imod budskabet, fordi hans hjerte er rigt.

I Matthæusevangeliet kapitel 19 læser vi om en rig ung mand, som kom til Jesus for at spørge ham, hvilke gode ting han skulle gøre for at få evigt liv. Jesus sagde til ham, at han skulle overholde Guds befalinger. Der ud over fortalte han ham, at han skulle sælge alle sine egendele, give pengene til de fattige og følge ham.

Den unge mand mente selv, at han elskede Gud og holdt hans bud. Men han gik bedrøvet bort, for han var meget velhavende, og han anså sin velstand for at være mere dyrebar end det evige liv. Da Jesus havde talt med ham, sagde han til sine disciple: *"Det er lettere for en kamel at komme gennem et nåleøje end for en rig at komme ind i Guds rige"* (vers 24).

Det at være rig betyder her ikke kun at have mange besiddelser og stor velstand. Det betyder også at være rig i ånden. Folk, som er rige i ånden, handler måske ikke ondt udadtil, men de har stærke verdslige lyster. De nyder at have penge, magt, viden, stolthed, og dyrke hobbyer og forlystelser samt andre fornøjelser. Det er derfor, de ikke føler nogen længsel efter budskabet og ikke søger Gud.

Rigdommens velsignelse til dem, som er fattige i ånden

I Lukasevangeliet kapitel 16 kan vi læse om en rig mand, som nød livet og holdt fester hver dag. Han var så rig, at hans hjerte også var rigt, og han følte ikke noget behov for at tro på Gud. Men tiggeren Lazarus var syg, og måtte tigge ved porten til den rige mands hus. Han var fattige i ånden og søgte Gud.

Så hvad var resultatet, da de døde? Lazarus blev frelst og kunne hvile i Abrahams skød, men den rige mand faldt i dødsriget, hvor han skulle pines til evig tid.

Luerne stod omkring ham, og han sagde: *"Fader Abraham, forbarm dig over mig og send Lazarus, så han kan dyppe spidsen af sin finger i vand og læske min tunge"* (vers 24). Han kunne ikke undslippe smerten et eneste øjeblik.

Så hvilken slags mennesker bliver velsignet? Der er ikke tale om de mennesker, som har mange besiddelser og stor magt, og nyder livet på denne jord i velstand. Derimod drejer det sig om folk med mere ydmyge liv, som tager imod Jesus Kristus og kommer i himmeriget ligesom Lazarus. Hvordan kan vi sammenligne livet på denne jord, hvor vi skal være i 70-80 år, med det evigt liv?

Denne lignelse fortæller os, at det ikke er vigtigt, om vi er rige på denne jord, men at det er afgørende at være fattig i ånden og at tro på Gud.

Det betyder dog ikke, at et menneske, som er fattigt i ånden og har taget imod Jesus Kristus, nødvendigvis skal leve i fattigdom og lide af sygdomme ligesom Lazarus for at blive frelst. Det skal i stedet forstås sådan, at da Jesus har forløst os fra vores synder og levet i fattigdom, kan vi blive rige, når vi er fattige i ånden og lever efter Guds ord (Andet Korintherbrev 8:9).

I Tredje Johannesbrev 1:2 står der: *"Min kære, frem for alt ønsker jeg, at du må have det godt og være rask, ligesom din sjæl har det godt."* Når vores sjæl har det godt, vil vi være sunde i spirituel og fysisk forstand, og vi vil få økonomiske velsignelser, fred i familien og meget andet.

Selv om vi har taget imod Jesus Kristus og har fået rigdommens velsignelse, så må vi holde fast i vores tro på Kristus indtil det sidste for at opnå det himmelske rige. Hvis vi kommer på afveje fra frelsen ved at elske denne verden, kan vores navne blive slettet fra livets bog (Salmernes Bog 69:29).

Det er ligesom et maratonløb. Hvis den deltager, der er forrest, kommer væk fra løbebanen før løbet er slut, så vil han hverken komme over slutlinjen eller få en medalje.

Det vil sige, at selv om vi netop nu lever flittige kristne liv, så vil vores ihærdighed køle af, hvis vi bliver rige i hjertet og lader os friste af penge og verdslige fornøjelser. Vi vil måske endda komme bort fra Gud. Og hvis vi gør det, vil det være vanskeligt for os at nå himmeriget.

Derfor står der følgende i Første Johannesbrev 2:15-16:

"Elsk ikke verden og heller ikke det, som er i verden. Hvis nogen elsker verden, er Faderens kærlighed ikke i ham; for alt det, som er i verden, kødets lyst og øjnenes lyst og pral med jordisk gods, er ikke af Faderen, men af verden."

Vi må skille os af med kødets lyst

Kødets lyst er de usande tanker, som opstår i hjertet. Det er den natur, som ønsker at synde. Hvis vi har had, vrede, lyster, misundelse, utroskab eller arrogance i vores hjerte, så vil vi få lyst til at se, høre, tænke og handle i overensstemmelse med denne natur.

Hvis for eksempel et menneske har en natur, som stræber mod at dømme og fordømme andre, så vil vedkommende have lyst til at lytte til sladder. Og selv om de undersøger sagen og lærer sandheden at kende, vil de fortsætte med at udbrede sladderen, og de vil have det godt med det eller føle behag ved det.

Og hvis et menneske har vrede i hjertet, vil han blive vred over selv de mindste ting. Han vil kun have det godt, når han har givet afløb for sin vrede. Og hvis han forsøger at kontrollere sig, vil det væres så smertefuldt for ham, at han til sidst lader vreden løbe af med ham.

Hvis vi vil skille os af med disse kødelige lyster, må vi bede. Vi kan uden tvivl skille os af med dem, hvis vi får Helligåndens fylde gennem inderlige bønner. Hvis vi omvendt holder op med at bede eller mister åndens fylde, så giver vi Satan mulighed for at opildne kødets lyster. Og resultatet vil blive, at vi handler på syndefulde måder.

I Første Petersbrev 5:8 står der: *"Vær årvågne og på vagt! Jeres modstander, Djævelen, går omkring som en brølende løve og leder efter nogen at sluge."* Vi må altid være årvågne gennem vores bønner for at opnå Helligåndens fylde. Gennem indtrængende bønner kan vi blive fattige i ånden ved at skille os af med kødets lyster, som er den syndefulde natur.

Vi må skille os af med øjnenes lyster

Øjnenes lyst er den syndefulde natur, som opildnes, når vi ser eller hører bestemte ting. Denne lyst bevæger os til at efterstræbe det, vi har set eller hørt. Hvis vi accepterer de følelser, der vækkes, når vi ser bestemte ting, vil de samme følelser vækkes senere i lignende situationer. Der kan også opstå lignende følelser, selv om vi ikke ser tingene, men bare hører om dem, og dette forårsager øjnenes lyst.

Hvis vi ikke skiller os af med denne lyst, men i stedet accepterer den, så vil den opildne kødets lyst. Det kan i sidste ende føre til, at vi begår syndefulde handlinger. David, som ellers var et menneske efter Guds hjerte, begik også en synd på grund af øjnenes lyst.

Efter David blev konge og nationen opnåede en vis stabilitet, var David en dag oppe på taget af sit hus og så tilfældigt Batseba, Urias' kone, som var ved at bade sig. Han blev fristet, kaldte hende til sig og lå med hende.

På daværende tidspunkt var hendes mand i felttog og sloges for sit land. Senere fik David at vide, at Batseba var blevet gravid. For at skjule sin overtrædelse kaldte han Urias tilbage fra slaget og tilskyndede ham til at sove hjemme.

Men Urias tænkte på de øvrige soldater, som stadig var i kamp, så han lagde sig til at sove ved porten til kongens hus. Da tingene ikke gik, som David ville, sendte han Urias til forreste kamplinje, sådan at han ville blive slået ihjel.

David troede, at han elskede Gud højere end alle andre. Men da øjnenes lyst kom over ham, begik han den onde handling at ligge med en anden mands kone. Desuden begik han den endnu større synd at slå ihjel for at skjule sin overtrædelse.

Senere måtte han gennemgå store trængsler som straf. Den søn, som Batseba havde født, døde, og David måtte flygte fra sin søn Absaloms oprør. Han måtte endda udsættes for en simpel persons forbandelser.

Gennem disse ting indså David den ondskab, han havde i hjertet, og han angrede overfor Gud. Til sidst blev han en konge, som var et godt redskab for Gud.

Nu til dags er der unge mennesker, som ser ting, der er forbuds for mindreårige i film eller på internettet. Men det skal man ikke tage let på. Øjnenes lyst kan antænde en lunte til kødets lyst.

Lad os sammenligne det med krigsførelse. Vi kan forestille os, at kødets lyst repræsenteres af soldater, som angriber en bymur. Øjnenes lyst er ligesom forstærkning eller ekstra forsyninger til soldaterne. Hvis de konstant modtager forsyninger, vil de have større styrke til at kæmpe. Dermed forstærkes kødets lyst, og så kan vi ikke vinde over den.

Men det er muligt for os at skille os af med øjnenes lyst ved hjælp af vores vilje. Vi bør hverken se, høre eller tænke noget, som ikke stemmer overens med sandheden. Og hvis vi kun ser, hører og tænker sandheden, vil vi kun havde gode følelser, og så kan vi skille os fuldkommen af med øjnenes lyst.

Vi må skille os af med dette livs stolthed

Dette livs stolthed er en natur, som får mennesket til at prale af sig selv. Det er en hengivelse til de fysiske fornøjelser i denne verden med henblik på at tilfredsstille kødets og øjnenes lyst, og prale af ens opnåelser overfor andre mennesker. Hvis vi har denne natur, vil vi prale af vores velstand, ære, viden, talenter, fremtræden og så videre for at vise os og opnå andres opmærksomhed.

I Jakobsbrevet 4:16 står der: *"Nu praler I og bruger store ord; men al den slags pral er af det onde."* Det er ikke til nogen gavn for os at prale. Så som der står i Første Korintherbrev 1:31: *"Den, der er stolt, skal være stolt af Herren."* Vi bør kun være stolte af Herren sådan at vi ærer Gud.

At være stolt af Herren er at være stolt af at Gud svarer os, giver os velsignelser og nåde, og at himmeriget er vores. Det er at ære Gud og at skabe tro og håb hos andre, sådan at de kan længes efter spirituelle ting.

Nogle mennesker siger, at de er stolte af Herren, men de forsøger selv at få gavn af det. I så fald kan de ikke forandre andre. Vi må derfor hver især ransage os selv i alle forhold, sådan at dette livs stolthed ikke vil komme over os (Romerbrevet 15:2).

At blive barn i åndelig henseende

Der var engang en dreng i den lille by i USA. Han gik i søndagsskole, men klasseværelset var meget lille, så han begyndte at bede til Gud om at give dem at større klasseværelse. Da der ikke kom svar efter flere dage, begyndte han at skrive daglige breve til Gud.

Men drengen døde, før han blev 10 år gammel. Da hans mor ryddede op i hans ting, fandt hun et tykt budt af breve, som han havde skrevet til Gud. Moren viste dem til pastoren, og han blev dybt rørt, så han fortalte om det i sin prædiken.

Nyheden bredte sig til mange forskellige steder, og der

Den første velsignelse · 13

begyndte snart at komme donationer. Der var hurtigt mere end nok til at bygge en ny kirke. Senere blev der også etableret en grundskole og en gymnasieskole i drengens navn, og til sidst en højere læreanstalt. Alt dette var et resultat af den lille drengs uskyldige tro og tillid til, at Gud vil give os det, vi beder om.

I Matthæusevangeliet kapitel 18 spørger disciplene Jesus, hvem der er størst i himmeriget. Jesus svarer: *"Sandelig siger jeg jer: Hvis I ikke vender om og bliver som børn, kommer I slet ikke ind i Himmeriget"* (vers 3). Overfor Gud skal vi alle havde barnets hjerte, uanset alder.

Børn er uskyldige og rene, så de tager imod alt, de bliver lært. På samme måde er det først, når vi tror og adlyder Guds ord, som vi hører og lærer det, at vi kan komme ind i himmeriget.

For eksempel siger Gud, at vi skal bede uophørligt, og det bør vi derfor gøre uden at komme med undskyldninger. Gud fortæller os, at vi skal fryde os, og vi bør derfor forsøge at gøre det konstant uden at tænke: "Hvordan kan jeg fryde mig, når der er så mange sørgelige ting i mit liv?" Gud fortæller os, at vi ikke skal hade, så vi må forsøge at elske selv vores fjender uden at opfinde undskyldninger.

Hvis vi har børnenes hjerte, vil vi hurtigt angre det, vi gør galt, og forsøge at leve efter Guds ord.

Men når et menneske besudles af denne verden og mister sin uskyld, vil det være følelsesløst, selv om det begår synder. Han vil dømme og fordømme andre, udbrede sig om andres fejl og mangler, fortælle små og store løgne, og slet ikke indse, at han gør onde ting.

Han vil se ned på andre, forsøge at få dem til at tjene sig selv, og glemme den nåde, han har modtager fra andre, hvis ikke tingene falder ud til hans gavn. Men han vil ikke engang have en skyldig samvittighed. Da hans største lyst er at søge egen vinding, vil han handle derefter.

Hvis vi bliver åndelige børn i sandheden, vil vi reagere med større følsomhed omkring godt og ondt. Når vi ser noget godt, vil vi let blive rørt og fælde tårer, og vi vil hade og foragte det onde.

Selv om folk i denne verden siger, at der ikke er tale om ondskab, vil vi hade det, som Gud siger er ondt af hjertets grund, og vi vil forsøge ikke at begå nogen synder.

Børn er ikke arrogante, og de insisterer ikke på deres egne meninger. De tager i stedet imod alt det, folk lærer dem. På samme måde insisterer et spirituelt barn heller ikke på sin arrogance, og forsøger ikke at ophøje sig selv. Farisæerne og de skriftkloge på Jesu tid dømte og fordømte andre og sagde, at de selv kendte sandheden, men et spirituelt barn handler ikke sådan. Det vil kun handle med ydmyghed og mildhed, ligesom vor Herre.

Så et spirituelt barn insisterer ikke på, at han selv har ret, når han lytter til Guds ord. Selv om der er noget, som ikke stemmer overens med hans viden, eller noget han ikke forstå, så vil han hverken dømme eller misforstå det, men bare tro og adlyde. Og når han hører om Guds gerninger, vil han ikke udvise stolthed eller arrogance, men i stedet længes efter selv at opleve samme former for gerninger.

Hvis vi bliver spirituelle børn, vil vi tro og adlyde Guds ord, som det er. Og hvis vi finder nogen synd hos os selv ud fra ordet, vil vi forsøge at forandre os.

Men i nogle tilfælde er der folk, der fører kristne liv i lang tid, og alligevel kun oplagrer Guds ords som viden og har en voksens hjerte. Når de begynder at få Guds nåde, angrer og faster de for at skille sig af med de synder, som de har indset, at de har, men senere bliver de følelsesløse overfor dem.

Når de lytter til ordet, tænker de: "Det ved jeg allerede." Eller måske adlyder de i den grad, det er til gavn for dem eller indenfor de områder, hvor de er enige. De dømmer og fordømmer andre med Guds ord, som de kender det.

Derfor må vi altid finde det onde i os gennem ordet for at blive fattige i ånden, og vi må bede indtrængende om at blive spirituelle børn. Først da vil vi være i stand til at nyde alle de velsignelser, som Gud har beredt til os.

Velsignelsen at opnå det evige himmerige

Så hvilke særlige velsignelser vil de fattige i ånden modtage? I Matthæusevangeliet 5:3 står der: *"Salige er de fattige i ånden, for Himmeriget er deres."* Som der her står vil de få en sand og evig velsignelse, nemlig himmeriget.

Himmeriget er det sted, hvor Guds børn vil bo. Det er et spirituelt sted, som ikke kan sammenlignes med noget i denne verden. Ligesom forældre venter på, at deres baby skal blive født og forbereder alt såsom legetøj og en klapvogn, så bereder også Gud himmeriget for de mennesker, som er fattige i ånde, åbner deres hjerter og tager imod budskabet, sådan at de bliver hans børn.

Som Jesus siger i Johannesevangeliget 14:2: *"I min faders hus er der mange boliger."* Og der er forskellige boliger i det himmelske rige. Alt efter i hvor høj grad vi elsker Gud og lever efter hans ord for at fastholde vores tro, vil der væres forskellige boliger til os i himlen.

Hvis en person er fattig i ånden, men forbliver på det niveau, hvor han netop har taget imod Jesus Kristus og opnået frelse, så vil vedkommende komme til Paradis for at leve der til evig tid. Men efterhånden som man kommer ind i sit liv i Kristus og forandrer sig med Guds ord, vil man kunne opnå det første, andet og tredje rige i himlen. Og den, som opnår den fuldkomne helliggørelse af hjertet og som er betroet i hele Guds hus, vil få bolig det smukkeste sted, Ny Jerusalem, hvor der vil være evige velsignelser.

Se venligst bøgerne *Himlen I* og *Himlen II* for yderligere oplysninger om boliger og om det lykkelige liv i himmeriget. Her vil jeg dog komme med en kort introduktion til livet i Ny Jerusalem.

I byen Ny Jerusalem skinner Guds herligheds lys, og lyden af englenes lovsang høres i det fjerne. Mellem bygningerne, der er bygget med guld og ædelstene, som skinner strålende, løber der en gylden vej. Der er en smuk blanding af grønne enge, plæner, træer og skønne blomster.

Floden med livets vand, der er klart som krystal, flyder roligt. Der er fint, gyldent sand på flodbredderne. På de gyldne bænke er der kurve med frugter fra livets træ. I det fjerne kan man se havet, der er som glas. Der sejler et overdådigt krydstogskib, som er pyntet med mange slags juveler.

Folk, som kommer til dette sted, tildeles adskillige engle, og de kan leve som konger. De kan flyve i himlen i nogle skylignende biler. Og de er altid tæt på Herren, og kan deltage i himmelske festmåltider med berømte profeter.

Desuden er der utallige værdifulde og smukke ting i Ny Jerusalem, som vi ikke kan se på denne jord. Enhver krog i byen vil henrykke sanserne.

Vi bør derfor ikke forblive på det niveau, hvor vi kun lige har opnået frelse, men i stedet blive mere fattige i ånden og forandre os selv fuldt ud med ordet, sådan at vi vil komme ind i Ny Jerusalem, som er det smukkeste sted i himlen.

Guds nærhed er vores velsignelse

Når vi bliver fattige i ånden, vil vi ikke kun møde Gud og opnå frelse, men også få autoritet som børn af Gud samt andre velsignelser. Lad mig præsentere et vidnesbyrd fra en af de ældre i vores kirke. Han havde lidt af sygdom forårsaget af forurening, men fik den velsignelse at blive fattig i ånden.

For omkring 10 år siden måtte han holde en pause fra sit arbejde på grund af sygdom. Han havde mange gange følt sig fristet til at afslutte sit liv, for han følte sig fuldkommen hjælpeløs. Da han ikke kunne se håbets lys og vidste, at han ikke kunne gøre noget for at forbedre sin situation, var han fattig i ånden.

En dag kom han ind i en boghandel og ved et tilfælde faldt hans blik på en bog. Det var *En smagsprøve på det evige liv før døden* – en bog som indeholder mit vidnesbyrd og mine minder. Jeg havde selv været ateist, og jeg gik på dødens rand på grund af en 7 år lang periode med sygdomme, som ikke kunne helbredes med menneskelige metoder. Men Gud kom til mig og mødte mig.

Manden følte, at vores liv lignede hinanden på mange måder, og han købte bogen med en følelse af, at han blev tiltrukket af en særlig kraft. Han læste den på en enkelt dag, mens han fældede mange tårer. Han var overbevist om, at også han kunne blive helbredt, så han meldte sig ind i vores kirke.

Siden da er han blevet helbredt for sin mærkelige sygdom ved Guds kraft, og han er blevet i stand til at genoptage sit arbejde. Han er blevet rost af både kolleger og overordnede, og han er blevet velsignet med en forfremmelse. Desuden har han omvendt mere en 70 personer i sin familie, så han vil få en stor belønning i himlen!

I Salmernes Bog 73:28 står der: *"Men at være Gud nær er min lykke, jeg tager min tilflugt til Gud Herren, så jeg kan fortælle om alle dine gerninger."*

Hvis vi har fået en første velsignelse i Saligprisningerne ved at være nær Gud, bør vi blive endnu mere åndelige børn, elske Gud med endnu større lidenskab og prædike budskabet til de mennesker, der er fattige i ånden. Jeg håber, læserne fuldt ud vil opnå de Saligprisninger, som kærlighedens og velsignelsernes Gud har forberedt.

Kapitel 2
Den anden velsignelse

Salige er de, som sørger, for de skal trøstes

Matthæusevangeliet 5:4

*"Salige er de, som sørger,
for de skal trøstes."*

Der var engang to venner, som holdt meget af hinanden. De elskede hinanden så højt, at de endda ville ofre livet for hinanden. Men en dag døde en af dem i et slag. Den anden, som var tilbage, sørgede over sin ven og savnede ham: "Jeg sørger over dig Jonatan, min broder, jeg holdt inderligt af dig. Din kærlighed var mig mere dyrebar end kvinders." Denne mand tog vennens søn til sig og opdragede ham som sin egen. Dette er historien om David og Jonatan, som kan se i Anden Samuelsbog, kapitel 1.

Mens vi lever i denne verden, bliver vi udsat for mange sørgelige ting såsom nærtståendes død, sygdomssmerter, livsvanskeligheder, økonomiske problemer og så videre. Det er ikke nogen overdrivelse at sige, at livet ustandseligt giver os sorger.

Kødelig sorg er ikke Guds vilje

I menneskehedens historie ser vi krige, terrorisme, hungersnød og andre ulykker, som finder sted på et nationalt niveau. Der sker også mange sorgfulde ting på det individuelle plan.

Nogle mennesker er i sorg på grund af økonomiske vanskeligheder, og andre lider under sygdomssmerter. Nogle får knust deres hjerter, fordi deres planer ikke lykkes, og andre fælder bitre tårer, fordi de bliver bedraget af deres elskede.

Denne form for sorg, som finder sted på grund af sørgelige hændelser, er kødelig. Den opstår på baggrund af onde følelser.

Det er aldrig Guds vilje. Denne form for kødelig sorg kan ikke blive trøstet hos Gud.

Som Bibelen fortæller os, er det derimod Gud vilje, at vi altid skal fryde os (Første Thessalonikerbrev 5:16). Gud fortæller os også i Filipperbrevet 4:4: *"Glæd jer altid i Herren! Jeg siger atter: Glæd jer!"* Der er mange vers i Bibelen, som fortæller os, at vi skal glæde og fryde os.

Nogle vil måske undre sig og tænke: "Jeg kan glæde mig, når jeg har noget at glæde mig over, men når jeg lider under problemer, smerter og vanskeligheder, hvordan skulle jeg så kunne glæde mig?"

Men vi kan altid glæde os og være taknemmelige, fordi vi er blevet Guds børn, som er frelst og har fået løftet om himmeriget. Han vil høre os og løse vores problemer, når vi beder til ham. Da vi tror på dette, kan vi uden tvivl glæde os og være taknemmelige.

Dette er historien om pastor Dr. Myong-ho Cheong, som er missionær i Afrika, udsendt af vores kirke, og prædiker budskabet i hele 44 afrikanske lande. For omkring 10 år siden forlod han sit job som lærer i en gymnasieskole og tog til Afrika som missionær. Efter kort tid døde hans eneste søn.

Mange af kirkens medlemmer forsøgte at trøste ham, men han takkede Gud og trøstede i stedet medlemmerne af kirken. Han var taknemmelig over, at Gud havde taget hans søn til det himmelske rige, hvor er hverken er tårer, sorg, smerter eller sygdomme, og han glædede sig, fordi han havde håb om at se sin søn igen i himlen.

Hvis vi har tro, vil vi på samme måde være i stand til at undgå kødelige sorger og overvinde vores sorgfulde følelser. Vi vil blive i stand til at glæde os i enhver situation. Selv om vi kommer ud for problemer, vil Gud udføre sin gerning med øje for vores tro, hvis vi er taknemmelige og beder. Han vil arbejde for altings bedste, og dermed vil de fysiske sorgfulde situationer ikke have nogen betydning for Guds sande børn.

Gud ønsker spirituel sorg

Det, som Gud ønsker, er ikke en kødelig, men en spirituel sorg. I Matthæusevangeliet 5:4 står der: *"Salige er de som sørger",* og her henvises der til en spirituel sorg for Guds retfærdighed og rige. Så hvilke former for spirituel sorg findes der?

For det første er der angerens sorg.

Når vi tror på Jesus Kristus og tager imod ham som vores Frelser, vil vi med Helligåndens hjælp indse af hjertet, at han døde på korset for vores synder. Når vi føler denne kærlighed til Jesus, vil vi have angerens sorg, og angre vores synder mens tårerne triller os ned ad kinderne.

Anger er at omvende sig fra det tidligere liv i synd, hvor vi ikke kendte Gud. Når vi har angerens sorg, vil byrden af vores synder blive taget fra os, og vi kan opleve en overvældende glæde i vores hjerter.

Det er allerede mere end 30 år siden, men jeg husker klart det første vækkelsesmøde, jeg deltog i efter at have mødt Gud. Der oplevede jeg stor sorg i angeren og fældede mange tårer, mens jeg lyttede til Guds ord.

Selv før jeg mødte Gud, satte jeg en ære i at leve et retfærdigt og godt liv. Men mens jeg lyttede til Guds ord, så jeg tilbage på mit tidligere liv, og jeg så, at jeg havde gjort mange usande ting. Jeg sønderrev mit hjerte i anger, og derefter var min krop så let og frisk, at det føltes som at flyve. Jeg fik også sikkerhed på, at jeg kunne leve efter Guds ord. Fra da af holdt jeg op med at ryge og drikke, og jeg begyndte at læse Bibelen og deltage i bønnemøder ved daggry.

Men selv efter at vi har modtaget den nåde at kunne sørge i anger, kan der være andre ting, vi sørger over i vores kristne liv. Når først vi er blevet Guds børn, må vi skille os af med synder og leve hellige liv i overensstemmelse med Guds ord. Men indtil vi når et voksent mål af tro, er vi endnu ikke perfekte, og vi begår til tider synder.

Når det sker, vil vi føle sorg overfor Gud, hvis vi elsker ham, og vi vil angre grundigt med denne bøn: "Gud, hjælp mig, sådan at dette aldrig vil ske igen. Giv mig styrke til at praktisere dit ord." Når vi sørger på denne måde, vil vi få styrke fra oven til at skille os af med vores synder. Og så vil det i sandhed være en velsignelse at sørge!

Nogle troende begår gentagne gange den samme synd og angrer igen og igen. I dette tilfælde sker der kun en langsom eller slet ingen forandring. Det skyldes, at de ikke for alvor angrer at hjertets grund, selv om de siger, at de sørger i anger.

Lad os antage, at et ungt menneske er kommet i dårligt selskab og opfører sig dårligt. Han beder sine forældre om tilgivelse, men fortsætter med at gøre det samme. Så er der ikke tale om sand anger. Han er nødt til at omvende sig, holde op med at se sine dårlige venner, og begynde at studere flittigt. Først da kan man tale om sand anger.

På samme måde bør vi ikke blive ved med at begå de samme synder, og kun angre med ord, men i stedet bære frugten af sand anger ved at udvise rette handlinger (Lukasevangeliet 3:8).

Når vores tro vokser og vi bliver ledere i kirken, bør vi desuden ikke længere have sorg i anger. Det betyder ikke, at vi ikke bør sørge, når vi begår synder. Det vil i stedet sige, at vi bør have skilt os af med alle synder, sådan at der ikke længere er noget at sørge over.

Hvis vi ikke opfylder vores pligter, kan vi også sørge i anger. I Første Korintherbrev 4:2 står der: *"Her kræves der så af forvaltere, at de findes tro."* Så vi må være trofaste og bære gode frugter i vores pligter. Og hvis det ikke lykkes, så må vi sørge i anger.

Her er det vigtigt at vide, at hvis vi ikke angrer og omvender os, når vi undlader at opfylde vores pligter, så kan det komme en mur af synd, der skiller os fra Gud, og så vil vi ikke længere have Guds beskyttelse. Det er en handling i stil med et stort barn, der opfører sig som en baby, selv om han konstant bliver skældt ud for det.

Men hvis vi angrer og omvender os af hjertets grund, vil den gudgivne glæde og fred komme over os. Gud vil også give os sikkerhed for, at vi kan gennemføre tingene. Han giver os styrke til at gennemføre pligterne. Dette er den trøst, som Gud giver de mennesker, som sørger.

Der er også sorg for brødre i troen.

Til tider vil vi se, at vores brødre i troen begår synder og går imod døden. I dette tilfælde vil vi være urolige og bekymre os for disse brødre, hvis vi har medlidenhed. Og vi vil sørge, som om det drejede sig om os selv. Vi vil endda angre på deres vegne og bede med kærlighed for, at de skal handle i sandheden.

Vi kan først sørge for dem på denne måde med tårefyldte bønner i anger på deres vegne, når vi har sand kærlighed til deres sjæle. Gud glæder sig over bønner med denne form for sorg, og han vil trøste os.

Omvendt er der folk, som dømmer og fordømmer andre og er hårde mod dem i stedet for at sørge og bede for dem. Der er også folk, som udbreder sig om andres overtrædelser, men det er ikke rigtigt i Guds øjne. Vi bør dække over andres fejl med kærlighed og bede for, at de ikke skal synde.

I Apostlenes Gerninger kapitel 7 er der en beskrivelse af Stefanus' martyrium. Jøderne blev stødte over det budskab, Stefanus prædikede. Da han sagde, at hans spirituelle øjne blev åbnet, og at han så Herre Jesus stående ved Guds højre side, stenede de ham til døde. Selv mens Stefanus blev stenet, bad han med kærlighed for de onde mennesker, som stenede ham.

"Så stenede de Stefanus, mens han bad: 'Herre Jesus, tag imod min ånd!' Han faldt på knæ og råbte med høj røst: 'Herre, tilregn dem ikke denne synd!' Og da han havde sagt dette, sov han hen" (Apostlenes Gerninger 7:50-60).

Og hvordan handlede Jesus? Han blev udsat for hån og forfølgelser, da han blev korsfæstet, men han bad alligevel for mennesker, som korsfæstede ham med ordene: *"Fader, tilgiv dem, for de ved ikke, hvad de gør"* (Lukasevangeliet 23:34).

Han tog korsets smerte, selv om han var fuldkommen skyldfri, men han bad alligevel for syndernes tilgivelse for de mennesker, som korsfæstede ham. Herigennem kan vi forstå, hvor stor og umådelig kærlighed Jesus nærer til sjælene. Dette er det rette hjerte i Guds øjne. Dette er det hjerte, hvormed vi kan opnå velsignelser.

Der er også sorg for at frelse flere sjæle.

Når Guds børn ser de mennesker, som er besudlet af denne verdens synd og går mod ødelæggelsen, så bør de have kærlig medfølelse med dem og ønske, at de finder nåde. I dag er synd og ondskab udbredte ligesom på Noas tid. Datidens generation blev straffet med oversvømmelse, Sodoma og Gomorra blev straffet med ild.

Vi bør derfor sørge for vores forældre, brødre og søstre, slægtninge og naboer, som endnu ikke er blevet frelst. Vi bør også sørge for vores nation og folk, kirkerne og hvad som helst, der er en støtte til Guds rige. Det betyder, at vi bør sørge for sjælenes frelse.

Apostelen Paulus bekymrede sig og sørgede for Guds rige og retfærdighed. Han blev forfulgt og havde mange vanskeligheder i forbindelse med, at han prædikede budskabet. Han blev endda sat i fængsel. Dog sørgede han ikke over sine personlige lidelser, men bad og priste Gud (Apostlenes Gerninger 16:25). Til gengæld sørgede han til fordel for Guds rige og sjælene.

"Hertil kommer det, som dagligt trykker mig: bekymringen for alle menighederne. Hvem er magtesløs, uden at jeg også er magtesløs? Hvem falder fra, uden at det sviger mig?" (Andet Korintherbrev 11:28-29).

"Derfor skal I være på vagt. Og husk på, at jeg gennem tre år uophørligt, nat og dag, har vejledt hver

enkelt under tårer" (Apostlenes Gerninger 20:31).

Hvis de troende ikke står fast på Guds ord, eller hvis en kirke ikke åbenbarer Guds herlighed, så vil folk som Paulus sørge og bekymre sig over det.

Men når de forfølges for Herrens navn, så sørger de ikke over, at det er hårdt for dem. De sørger i stedet for andre menneskers sjæle. Desuden vil de sørge over, at verden bliver stadig mere formørket, og de vil bede med sorg om at Guds herlighed åbenbares endnu mere tydeligt, sådan at flere sjæle kan blive frelst.

Det er nødvendigt at have spirituel kærlighed for at kunne sørge spirituelt

Så hvad skal vi gøre for at sørge spirituelt, sådan som Gud vil? For at kunne sørge spirituelt er det første og fremmest vigtigt at have spirituel kærlighed.

Som der står i Johannesevangeliet 6:63: *"Det er Ånden, som gør levende, kødet gør ingen gavn."* Det er kun den spirituelle kærlighed, som Gud anerkender, der er i stand til at føre mennesket mod frelsen. Selv om en person synes at væres fuld at kærlighed, så er det kun kødelig kærlighed, hvis den er langt borte fra sandheden.

Kærlighed kan kategoriseres som enten kødelig eller spirituel. Den kødelige kærlighed er en form for kærlighed, som søger egen gavn. Den er meningsløs, og vil i sidste ende forandre sig og forsvinde. Omvendt vil den spirituelle kærlighed aldrig forandre sig. Det er en kærlighed, som er indeholdt i Guds ord om sandheden. Denne sande kærlighed søger andres gavn, mens man selv ofrer sig.

Spirituel kærlighed kan ikke opnås ved menneskelig styrke. Det er først, når vi indser Guds kærlighed og dvæler i sandheden, at vi kan give denne kærlighed. Hvis vi har spirituel kærlighed til at elske selv vores fjender og give vores liv for andre, så vil Gud velsigne os i overflod. Med denne kærlighed kan vi give liv, hvor vi end er, og mange mennesker vil vende tilbage til Herren.

Så når vi har spirituel kærlighed i vores hjerter, kan vi sørge for de døende sjæle og bede for dem. Med denne kærlighed kan selv folk med hærdede hjerter forandres, og den kan give liv og tro.

Troens patriarker, som var elsket af Gud, havde denne spirituelle kærlighed, og de bad for de sjæle, som var på vej mod ødelæggelsen. De bad med sorg og tårer for Guds rige og retfærdighed. Og de ikke alene græd, men tog sig også at andre sjæle dag og nat, og var trofaste overfor de pligter, der var blevet dem givet.

Der er kun tale om spirituel sorg, når den ledsages af gerninger såsom at prædike ordet, bede og tage vare på sjælene med kærlighed. Hvis vi har spirituel kærlighed, vil vi også have spirituel sorg for Guds rige og retfærdighed.

Som der står i Matthæusevangeliet 6:33: *"Men søg først*

Guds rige og hans retfærdighed, så skal alt det andet gives jer i tilgift." Ånden og sjælen vil forandres, Guds rige vil opnås, og de øvrige ting vil gives i overflod af Gud.

Velsignelserne til dem, som sørger

Som der står i Matthæusevangeliet 5:4: *"Salige er de, som sørger, for de skal trøstes."* Hvis vi sørger spirituelt, vil vi blive trøstet af Gud. Den trøst, som Gud giver os, er anderledes end den trøst, andre mennesker giver. I Første Johannesbrev 3:18 står der: *"Kære børn, lad os ikke elske med ord eller tunge, men i gerning og sandhed."* Som Gud har sagt, vil han trøste os ikke alene med ord, men også med materielle goder.

Til de fattige giver Gud økonomiske velsignelser. Til dem, som har sygdomme og lidelser, giver Gud helbredelse. Og dem, som beder af et rent hjerte, vil Gud give svar.

Der er også mennesker, som sørger, fordi de ikke har styrke til at udføre deres pligter, og så giver Gud dem styrke. De mennesker, som sørger for sjælene, vil Gud give forkyndelsens og vækkelsens frugt. Til de som sønderriver deres hjerter og sørger for at skille sig af med synder, vil Gud give den nåde at tilgive deres synder. I den udstrækning de skiller sig af med synderne og bliver hellige, vil Gud velsigne dem til at manifestere store og kraftfulde gerninger, ligesom apostelen Paulus.

For nogle år siden gennemgik jeg store vanskeligheder, og min kirkes eksistens var truet. Jeg sørgede virkelig meget for de mennesker, som havde bragt kirken trængsler, og for kirkens medlemmer, som var uskyldige, men alligevel blev forfulgt. Da de medlemmer, som havde svag tro, forlod kirken, kunne jeg hverken spise eller sove.

Da jeg vidste, at det var en stor synd at forstyrre Guds kirke, fældede jeg mange tårer for de sjæle, som havde bragt kirken problemer. Jeg sørgede særligt, når jeg så de sjæle, som forlod kirken og rejste sig imod Gud, fordi de havde hørt falske rygter, for jeg følte, at jeg ikke havde tage mig godt nok af dem.

Jeg tabte mig meget, og det blev efterhånden vanskeligt for mig at gå. Men jeg måtte stadig prædike tre gange om ugen. Nogle gange rystede hele min krop, men på grund af min bekymring for kirkens medlemmer måtte jeg fortsætte mit virke. Gud så mit hjerte, og når jeg bad, trøstede han mig og sagde: "Jeg elsker dig. Dette er snarere en velsignelse."

Velsignelsen at få Guds trøst

Da tiden kom, løste Gud alle misforståelserne en efter en, og det blev dermed en mulighed for kirkens medlemmer til at vokse i troen. Gud begyndte at vise nogle forbløffende gerninger med sin kraft, som ikke kunne sammenlignes med noget, vi tidligere havde set. Han viste os utallige tegn og undere, og andre ekstraordinære ting.

Han frelste kirken fra undergang og gav os i stedet den velsignelse at lade os opleve en stor kirkevækkelse. Han åbnede også vejen til verdensmissionen. Ved de oversøiske kampagner lod han først hundredvis, og senere tusindvis og millionvis af mennesker samles for at høre budskabet og blive frelst. Det var en overvældende belønning og glæde!

"Indisk bønnefestival for mirakuløs helbredelse 2002" blev afhold på verdens næstlængste strand, Marina Beach i Indien. Det blev anslået, at der deltog mere end 3 millioner mennesker. Mange af dem blev helbredt, og utallige hinduer konverterede.

Gud trøst kommer gennem velsignelser, som vi slet ikke kan forestille os. Han giver os det, vi har allermest brug for, og altid mere end nok. Han giver os også belønninger i det himmelske rige, og det er de sande velsignelser.

I Johannesåbenbaringen 21:4 står der: *"Han vil tørre hver tåre af deres øjne, og døden skal ikke være mere, ej heller sorg, ej heller skrig, ej heller pine skal være mere. Thi det, der var før, er forsvundet."* Som sagt vil Gud give os igen med herlighed og belønninger i himlen, hvor der hverken er tårer, sorg eller smerte.

I de himmelske huse til de mennesker, som altid sørger og beder for Guds rige og hans kirke, vil der være meget guld, mange ædelsten og andre belønninger. Og de vil være dekoreret med store, skinnende perler. En østers må udholde smerte og lidelse i lang tid, når der dannes en perle. Den udskiller den krystallignende substand, og ofrer dermed sig selv for at skabe perlen.

På samme måde vil Gud trøste os med en perle, som symbol på vores lidelser, hvis vi fælder mange tårer for at forandre os og beder med sorg for Guds rige og andre sjæle, mens vi bliver kultiveret på denne jord.

Så lad os ikke søge på kødelige måder, men kun spirituelt og kun for Guds rige og for andre sjæle. Derved vil vi blive trøstet af Gud, og vi vil få mange værdifulde belønninger i det himmelske rige.

Kapitel 3
Den tredje velsignelse

Salige er de sagtmodige,
for de skal arve jorden

Matthæusevangeliet 5:5

*"Salige er de sagtmodige,
for de skal arve jorden."*

I sine yngre dage var Lincoln en ukendt advokat, og der var en anden advokat ved navn Edwin M. Stanton, som havde stor modvilje mod ham. En gang fik Stanton at vide, at han skulle tage en sag sammen med Lincoln, og han forlod rummet og smækkede døren efter sig med ordene: "Hvordan skulle jeg kunne arbejde med sådan en bondsk advokat?"

Tiden gik, Lincoln blev valgt til præsident og skulle danne sit kabinet. Han udpegede Stanton som den syvogtyvende Krigssekretær for de Forenede Stater. Lincolns rådgivere blev overraskede og bad ham om at tage det op til yderligere overvejelse, for Stanton havde tidligere kritiseret Lincoln offentligt og sagt, at det var en "national katastrofe", at Lincoln var blevet valgt til præsident.

Lincoln svarede: "Hvad betyder det, at han ser ned på mig? Han har en stor pligtfølelse og gode evner til at klare vanskelige situationer. Han er ovenud kvalificeret til at være Krigssekretær."

Lincolns hjerte var stort og ydmygt. Han var i stand til at forstå og favne selv de mennesker, som kritiserede ham. Til sidst fik selv Stanton respekt for ham, og ved sin død omtalte han Lincoln med følgende ord: "Lincoln er den mest perfekte leder, denne verden nogensinde har set."

Vi bør også selv forsøge at forandre de mennesker, som ikke kan lide os, i stedet for at have modvilje mod dem eller undgå dem. Med et godt og mildt hjerte vil det være muligt at bringe den andens bedste sider frem.

Spirituel mildhed, som anerkendes af Gud

Generelt siger folk, at man er mild, hvis man er indadvendt, sky, sagtmodig og har et gemytligt temperament. Men for Gud er det kun de mennesker, som er milde med dyd, der for alvor kan kaldes milde.

Ordet "dyd" henviser her til at gøre det rette med et retskaffent hjerte. Det at være dydig i Guds øjne er at være retskaffen og kontrollere sig overfor andre mennesker, at have værdighed og at være godt udrustet i alle henseender.

Mildhed og dyd synes måske at ligne hinanden, men der er en klar forskel. Mildhed er mere indadrettet, mens dyd er ligesom det tøj, man iklæder sig. Selv om en person er fremragende, så vil det hæmme hans udstråling af elegance og værdighed, hvis ikke han klæder sig ordentligt på. På samme måde vil vi ikke opnå fuldkommenhed, hvis ikke vi har dyd sammen med vores mildhed. Og selv om vi måske synes at være dydige, så vil det være værdiløst, hvis ikke vi er milde indeni. Det er ligesom en nøddeskal, der er tom.

Den spirituelle mildhed, som anerkendes af Gud, er ikke kun at have en mild karakter, men også at være dydig. Så vil vi være i stand til at lade vores hjerter favne mange mennesker, ligesom et stort træ, der giver skygge, så mange kan finde hvile.

Da Jesus var mild, skændtes og råbte han ikke, og man hørte

ham ikke i gaderne. Han behandlede gode og onde mennesker med samme hjerte, og der var derfor mange, som fulgte ham.

Dydighed til at favne mange mennesker

Koreas historie fortæller om en konge, som havde en mild karakter. Det var Sejong den Store. Han havde ikke kun en mild karakter, men var også et dydigt menneske. Han var elsket af ministre og af folket. På den tid var der store lærde som Hwang Hee og Maeng Sa Sung. Det vigtigste, kongen udrettede, var at skabe "Han-gul", det koreanske alfabet. Han reformerede sundhedssystemet og ændrede den generelle mentalitet. Han udpegede mange mennesker på forskellige områder såsom musik og videnskab, og opnåede storslåede ting rent kulturelt. Så vi kan se, at når et menneske har mildhed og dydighed, kan mange mennesker finde ro hos ham, og dette vil bære en smuk frugt.

De mennesker, som er milde, kan favne andre, selv om de har helt andre ideer og uddannelse. De vil hverken fordømmer eller dømmer med ondskab under nogen omstændigheder. De forstår den andens synspunkter i enhver situation. Deres hjerter kan beskrives som bløde og behagelige, og de tjener andre med ydmyghed.

Hvis vi smider en sten mod et stykke metal, vil der komme en høj lyd. Hvis vi smider en sten mod et stykke glas, vil det gå i stykker. Men hvis vi kaster stenen ind i et bundt bomuld, vil det hverken lave lyde eller gå i stykker, for bomulden favner stenen. På samme måde vil den, som er mild, tage alle mennesker til sig, selv dem, som har liden tro og handler med ondskab. Han vil vente til det sidste for at få dem til at forandre sig og for at vejlede dem til at gøre tingene bedre. Hans ord vil ikke være højlydte eller knusende, men blide og milde. Han vil ikke tale om meningsløse ting, men kun om det nødvendige, og så vil han tale med sande ord. Selv om andre hader ham, vil han ikke lade sig fornærme eller bære nag mod dem. Når han får et råd eller en irettesættelse, vil han tage imod den med glæde for at forbedre sig. Dette menneske vil ikke have nogen problemer i forhold til andre mennesker. Han vil forstå andres mangler og favne dem, og dermed vil han vinde manges hjerter.

At kultivere hjertet og gøre det til god jord

Hvis vi vil have spirituel mildhed, må vi flittigt forsøge at kultivere vores hjertes jord. I Matthæusevangeliet kapitel 13 giver Jesus os en lignelse om fire former for jord, og sammenligner dem med vores hjerter.

Den sæd, der falder på vejen, hvor jorden er blevet hård, vil ikke være i stand til at spire og slå rødder. Det hjerte, der er ligesådan, vil ikke få tro, selv efter at det har lyttet til Guds ord. En person med dette hjerter er stædig; han åbner ikke hjertet, selv efter at han har hørt sandheden, så han kan ikke møde Gud. Og selv om han måske går i kirke, så er han kun kirkegænger. Ordet slår ikke rod i ham, så hans tro kan ikke spire, danne rødder og vokse.

Den sæd, der falder på klippegrunden, vil måske spire, men der kan ikke dannes afgrøder på grund af klippen. Den person, som har dette hjerte, har ikke sikkerhed i troen, selv efter at have lyttet til ordet. Hvis han bliver prøvet, vil han fejle og falde fra. Han kender Gud, og har også opnået Helligåndens fylde, så hans jord er bedre end den hårde vej. Men da hans hjerte ikke er kultiveret i sandheden, visner og dør sæden, og troen bærer ikke nogen frugter.

Den sæd, der falder mellem tidsler, kan spire og vokse, men den kan ikke bære frugt, da den kvæles af tidslerne. En person med dette hjerte er fuld af begær, fristes af penge, bekymrer sig om verdslige ting og følger egne planer og tanker, så han kan ikke for alvor opleve Guds kraft.

Men i den gode jord kan sæden vokse og bære frugt tredive, tres eller hundrede fold. Et menneske med dette hjerte vil adlyde med "ja" og "amen", når han hører Guds ord, så han vil bære frugt i alle aspekter. Dette er det gode hjerte, som Gud vil, at vi skal have.

Lad os hver især undersøge, hvilken slags hjerte, vi selv har. Det er naturligvis vanskeligt at foretage en præcis skelnen mellem de forskellige slags hjerter og sige, om der er tale om hård vej, klippegrund, tidselmark eller god jord, som om det var noget, vi kunne måle med at målebånd. Den hårde vej kan være blandet med klippegrund, og selv om vi er "god jord", kan der være nogle usandheden i vores hjerter, der er ligesom klippestykker, og hindrer vores vækst. Men uanset hvilken slags jord vi har i hjertet, så kan vi gøre den til god jord, hvis vi kultiverer den flittigt. Det vigtigste er ikke den form for hjerte, vi har som udgangspunkt, men i stedet den indsats, vi gør for at kultivere det.

Bonden tager stenene op af jorden, fjerner ukrudtet, gøder og gør jorden god i håb om at få en rig høst. Hvis vi på samme måde fjerner alle former for ondskab såsom had, misundelse, jalousi, skænderi og fordømmelse fra vores hjerter, så kan vi få en god jord, der har en mild karakter.

At bede med tro indtil det sidste og skille sig af med ondskab

Hvis vi vil kultivere vores hjerter, må vi først og fremmest tilbede i ånd og i sandhed for at lytte til ordet og forstå det. Og selv om vi er i vanskeligheder, skal vi altid fryde os, bede uophørligt og være taknemmelige under alle omstændigheder mens vi gør en indsats for at skille os af med ondskaben i vores hjerter.

Hvis vi beder Gud om styrke gennem inderlige bønner og forsøger at leve ved ordet, så kan vi få nåde og styrke fra Gud og hjælp fra Helligånden, sådan at vi hurtigt kan skille os af med ondskaben.

For selv om jorden er rigtig god, så vil vi jo ikke få nogen høst, hvis ikke vi sår sæden og tager vare på afgrøderne. Det vigtigste er, at vi ikke bare forsøger en eller to gange og så holder op, men at vi beder med tro indtil det sidste. Da troen er fast tillid til det, der håbes på (Hebræerbrevet 11:1), må vi flittigt forsøge at bede med tro. Først da vil vi få en gavmild høst.

Når vi er i gang med at skille os af med de forskellige former for ondskab i vores hjerter, så kan vi måske tro, at vi kun skal gøre det i nogen udstrækning, men så vil vi se, at ondskaben bliver ved med at komme op til overfladen. Det er ligesom at skrælle et løg. Selv om man har skrællet nogle lag af, er der stadig skræl tilbage. Vi skal dog ikke give op, men i stedet fortsætte med at skille os af med ondskaben til det sidste, og så vil vi få milde hjerter, som ikke rummer nogen form for ondskab.

Moses' mildhed

Moses blev udsat for mange vanskelige situationer, mens han førte israelitterne til Kana'ans land i løbet af den 40 år lange flugt fra Egypten.

Der var 600.000 voksne mænd. Inklusiv kvinder og børn må der have været mere end to millioner mennesker. Moses måtte lede alle disse mennesker gennem ørkenen, hvor der hverken var mad eller vand i 40 år. Vi kan forestille os, at han har været nødt til at overvinde mange vanskeligheder!

Den egyptiske hær fulgte efter dem (Anden Mosebog 14:9),

og foran dem lå det Røde Hav. Men Gud skilte havet for dem, således at de kunne komme tørskoede over (Anden Mosebog 14:21-22). Da der ikke var noget drikkevand, lod Gud vandet springe ud af klippen (Anden Mosebog 17:6). Han forandrede også det bitre vand til ferskvand (Anden Mosebog 15:23-25). Da der ikke var nogen mad, sendte Gud manna og vagtler til folket, som de kunne spise (Anden Mosebog kapitel 14-17).

Selv om israelitterne havde været vidner til den levende Guds kraft, så beklagede de sig til Moses, hver gang de havde problemer.

"Men i ørkenen gav hele israelitternes menighed ondt af sig mod Moses og Aron og sagde til dem: 'Gid vi var døde for Herrens hånd i Egypten, da vi sad ved kødgryderne og kunne spise os mætte! Nu har I ført os herud i ørkenen for at lade hele denne forsamling dø af sult'" (Anden Mosebog 16:3).

"Men folket tørstede efter vand, og de gav ondt af sig mod Moses og sagde: 'Hvorfor har du ført os op fra Egypten, så du lader os og vores børn og vores kvæg dø af tørst?'" (Anden Mosebog 17:3).

"I sad og murrede i jeres telte og sagde: 'Det er, fordi Herren hader os, at han har ført os ud af Egypten; han vil give os i amoritternes magt og udrydde os'" (Femte Mosebog 1:27).

Nogle af dem forsøgte endda at stene Moses. Han var tvunget til at være sammen med disse mennesker i 40 år, undervise dem i sandheden og føre dem til Kana'ans land. Alene ud fra dette kan vi fornemme hans mildhed.

Det er derfor, Gud roser ham i Fjerde Mosebog 12:3, hvor der står: "*Men manden Moses var mere sagtmodig end noget andet menneske på jorden.*"
Men Moses havde ikke denne mildhed fra begyndelsen. Han havde et voldsomt temperament og dræbte en egypter, som slog en hebræisk mand. Han havde også høje tanker om sig selv, fordi han var blevet opdraget som prins af Egypten. Men han ydmygede sig fuldkommen, mens han passede får i ørkenen i 40 år.

Da han havde dræbt en egypter, måtte han forlade Faraoens palads og tage på flugt. Mens han levede i ørkenen indså han, at han ikke kunne gøre noget ved egen kraft. Og da han havde brugt en rum tid i denne raffinering, blev han et mildt menneske, der var i stand til at favne alle og enhver.

Forskellen mellem kødelig og spirituel mildhed

De mennesker, som er milde i en kødelig forstand, har som regel en stille og forsigtig karakter. De er ikke glade for høje lyde og ting, der knuses.

Så vi kan til tider se, at de er noget ubeslutsomme selv overfor usandheder. Når de er i en ubehagelig situation, vil de måske holde det for sig selv, mens de lider i hjertet. Når noget overskrider grænserne for, hvad de kan klare, vil de eksplodere, hvilket vil overraske mange mennesker. De har ikke lidenskab til at være trofaste til det sidste i forhold til deres pligter, så de bærer ikke nogen frugt.

Men det at være forsigtig og indadvendt er ikke den form for mildhed, som Gud finder behag i. Mennesker kan måske tro, at der er tale om mildhed, men Gud, som ransager hjertet, vil ikke anerkende det som mildhed.

Men de mennesker, som opnår en spirituel mildhed i hjertet ved at skille sig af med usandhed, vil bære mange frugter i forskellige aspekter af forkyndelse og vækkelse, ligesom god jord vil give en gavmild høst.

Spirituelt set vil disse mennesker bære lysets frugt (Efeserbrevet 5:9), den spirituelle kærligheds frugt (Første Korintherbrev 13:4-7) og Helligåndens frugt (Galaterbrevet 5:22-23). På denne måde vil de blive spirituelle mennesker, så de hurtigt vil få svar på deres bønner.

Frem for alt vil de mennesker, som er milde i spirituel forstand, være stærke og modige i sandheden. Når de skal belære med sandheden, kan de være strenge. Når de ser sjæle, som begår synder overfor Gud, kan de have styrke og sikkerhed til at irettesætte og korrigere med kærlighed, hvem der end er tale om.

For eksempel var Jesus den mildeste af alle, men når der var tale om ting, der ikke var rigtige i forhold til sandheden, irettesatte han folk hårdt. Han tolererede ikke besudling af Guds tempel.

"*På tempelpladsen så han dem, der solgte okser, får og duer, og dem, der sad og vekslede penge. Han lavede en pisk af reb og jog dem alle ud fra tempelpladsen, også fårene og okserne. Han spredte vekselerernes mønter og væltede deres borde. Til dem, der solgte duer, sagde han: 'Få det væk herfra! Brug ikke min faders hus som markedsplads'"* (Johannesevangeliet 2:14-16).

Han irettesatte også farisæerne og de skriftkloge alvorligt, fordi de underviste i usandhed og gik imod Guds ord (Matthæusevangeliet 12:34; 23:13-35; Lukasevangeliet 11:42-44).

Niveauer af spirituel mildhed

En ting, vi bør vide, er at der er mildhed i den spirituelle kærlighed i Første Korintherbrev kapitel 13, og også spirituel mildhed mellem Helligåndens ni frugter i Galaterbrevet kapitel 5. Så hvordan adskiller de sig fra sagtmodigheden i Saligprisningerne? De tre ting er naturligvis ikke fuldkommen forskellige. Den basale betydning er at være blid og mild, mens man har kærlighed og er dydig. Men de har forskellig dybte og omfang.

Mildheden i den spirituelle kærlighed er det mest basale niveau af mildhed, hvormed man kan opnå kærlighed. Den mildhed, der omtales blandt Helligåndens ni frugter har en bredere betydning; der er tale om mildhed i enhver forstand.

Mildheden, som er en frugt af Helligånden, fødes i hjertet, og når den bringes i brug og medfører velsignelser, så er det den sagtmodighed, der omtales i Saligprisningerne.

For eksempel kan vi sige, at når vi har gode frugter på et smukt træ, så er der tale om "Helligåndens frugter", men når vi spiser frugten til gavn for vores krop, så er det Saligprisningernes frugt. Vi kan dermed sige, at sagtmodigheden i Saligprisningerne er mildhed på et højere niveau.

Velsignelser som gives for spirituel mildhed

Som der står i Matthæusevangeliet 5:5: *"Salige er de sagtmodige, for de skal arve jorden."* Hvis vi har spirituel mildhed, vil vi arve jorden.

Det at "arve jorden" betyder ikke, at vi vil få land på denne jord, men at vi vil besidde jorden i himlens evige rige (Salmernes Bog 37:29).

Det at arve er at opnå en besiddelse, en betingelse eller en pagt fra tidligere generationer. Det giver som regel større anerkendelse at have en arv end at have købt det samme for penge.

Hvis for eksempel en person har et stykke jord, som er blevet overleveret gennem mange generationer i familien, så giver det anerkendelse blandt naboerne. Familien har passet jorden og anset den som værdifuld, for at kunne give den videre til deres børn. At arve noget betyder dermed, at vi vil modtage det med sikkerhed.

Så hvorfor giver Gud landet i det himmelske rige til de mennesker, som er spirituelt sagtmodige? I Salmernes Bog 37:11 står der: *"Men de sagtmodige skal få landet i arv og eje og glæde sig over stor lykke."* Det skyldes som sagt, at de mennesker, som er sagtmodige, også er dydige og favner mange mennesker.

Den, som har sagtmodighed, kan tilgive andres fejl, forstå dem og favne dem, sådan at mange mennesker kan finde hvile i ham og nyde fred gennem ham.

Når et menneske vinder manges hjerte, så bliver det til spirituel autoritet for ham, og selv i det himmelske rige vil han få stor autoritet. Så han vil naturligvis arve meget land.

Spirituel autoritet til at arve land i himmeriget

I denne verden kan man kun opnå autoritet, når man har velstand og berømmelse, men i det himmelske rige gives der spirituel autoritet til de mennesker, som ydmyger sig og tjener andre.

"Sådan skal det ikke være blandt jer. Men den, der vil være stor blandt jer, skal først være jeres tjener, og

den, der vil være den første blandt jer, skal være jeres træl, ligesom Menneskesønnen ikke er kommet for at lade sig tjene, men for selv at tjene og give sit liv som løsesum for mange" (Matthæusevangeliet 20:26-28).

"Sandelig siger jeg jer: Hvis I ikke vender om og bliver som børn, kommer I slet ikke ind i Himmeriget. Den, der ydmyger sig og bliver som dette barn, er den største i Himmeriget" (Matthæusevangeliet 18:3-4).

Når vi bliver som børn, vil vore hjerter blive ydmyget til den laveste position. Og så vil vi vinde mange menneskers hjerter på denne jord, og vi vil blive blandt de største i himlen.

Men spirituel sagtmodighed kan man favne mange menneskers hjerter, og man vil derfor få et udstrakt landområde af Gud samt den der til hørende autoritet til evig tid. Hvis vi ikke fik en stor grund i himlen, hvordan skulle det så være muligt at bygge de storslåede boliger?

Lad os antage, at vi har udført mange opgaver for Gud og har fået mange materialer til at bygge vores himmelske bolig. Men hvis vi kun får en lille grund, hvordan kan vi så bygge et stort hus?

De mennesker, der kommer til Ny Jerusalem, vil derfor få store landområder, for de vil have opnået en fuldkommen spirituel sagtmodighed. Da de har store grunde, vil deres huse også være store og smukke.

Til hvert enkelt hus vil der være naturlige faciliteter såsom smukke velholdte haver, søer, dale og bakker. Der vil også være andre ting, såsom svømmepøle, legepladser, baner til boldspil og så videre. Det er en del af Guds omsorg for husets ejer at lade ham invitere de mennesker, han har favnet og hjulpet til at vokse i ånden, sådan at de kan holde festmiddag og udtrykke deres gensides kærlighed til evig tid.

Selv i dag holder Gud omhyggeligt øje med de mennesker, som er sagtmodige. Han giver dem pligter, hvor de skal favne mange sjæle og lede dem til sandheden, sådan at han kan give dem store grunde i arv i det evigt, himmelske rige. Så lad os flittigt arbejde på at helliggøre og mildne vores hjerter, sådan at vi vil være i stand til at arve store stykker land i det himmelske rige.

Kapitel 4
Den fjerde velsignelse

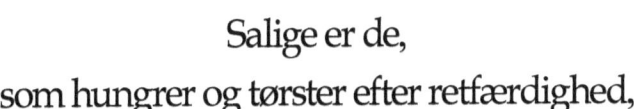

Salige er de,
som hungrer og tørster efter retfærdighed,
for de skal mættes

Matthæusevangeliet 5:6

"Salige er de, som hungrer og tørster efter retfærdighed, for de skal mættes."

Der er et koreansk ordsprog, som siger, at man bliver tyv, når man ikke har fået noget at spise i tre dage. Det fortæller os om sultens smerte. Selv det stærkeste mennesker er uden kræfter, hvis han er ramt af sult.

Det kan være vanskeligt at springe bare et enkelt måltid over, så vi kan forestille os, hvordan det må være, hvis man slet ikke får mad i en, to eller tre dage.

Først føler man sult, men efterhånden som tiden går, begynder maven at gøre ondt og man få koldsved. Hele kroppen vil begynde at gøre ondt, og alle kropsfunktioner vil svækkes. Længslen efter mad vil nu være ekstrem. Hvis det fortsætter på denne måde, kan man miste livet.

Selv i dag er der mennesker, som lider under alvorlig hungersnød eller krig, og de må til tider spise giftige planter. Der er mange, som fortsat lever fra dag til dag ved at finde noget spiseligt i affaldscontainere.

Men tørst kan være endnu mere ubærligt end sult. Det er almindelig kendt at 70% af menneskets krop består af vand. Hvis vi bare mister 2% af vandet i kroppen, vil vi opleve alvorlig tørst. Ved et tab på 4% vil kroppen begynde at føles svag, vi mister kræfterne og kan måske endda miste bevidstheden. Ved et væsketab på 10% kan vi dø.

Vandet er fuldkommen essentielt for menneskekroppen. Nogle mennesker som rejser i ørkenen oplever at se en luftspejling på grund af ekstrem tørst, og de kan miste livet, når de følger efter den.

Det er dermed for alvor smertefuldt at have sult og tørst, og vi kan endda dø af det. Så hvorfor siger Gud, at de mennesker, som sulter og tørster efter retfærdighed er velsignede?

At sulte og tørste efter retfærdighed

Retfærdighed er navneordet for det retfærdige. Merriam-Webster Online Dictionary definerer retfærdighed som det at "handle i overensstemmelse med guddommelig eller moralsk lov: fri for skyld eller synd." Omkring os kan vi se folk, som ofrer deres liv for at opretholde en forkert form for retfærdighed mellem venner. De protesterer også over de sociale uregelmæssigheder og insisterer på, at deres egen overbevisning er retfærdig.

Men Guds retfærdighed er noget andet. Det er at følge Guds vilje og at praktisere Guds ord, for Gud er godheden og sandheden selv. Det henviser til hvert skridt, vi må tage, indtil vi fuldt ud genvinder Guds tabte billede og bliver hellige.

De mennesker, som sulter og tørster efter retfærdighed, vil glæde sig over Gud Herrens lov og grunde over den dag og nat, som der står i Salmernes Bog 1:1-2. Det skyldes, at Guds ord fortæller, hvad der er Guds vilje, og hvilke gerninger, der er retfærdige.

Som der står i Salmernes Bog, vil de længes efter Guds ord og tage det til sig dag og nat. De vil ikke kun oplagrer det som viden, men anvende det i deres liv.

"Mine øjne stirrer sig trætte efter din frelse og efter

dit retfærdige ord" (Salmernes Bog 119:123).

"Tidligt om morgenen råber jeg om hjælp, jeg sætter mit håb til dit ord. Mine øjne er vågne i nattetimerne, og jeg grunder over dit ord" (Salmernes Bog 119:147-148).

Hvis vi i sandhed kender Guds kærlighed, vil vi oprigtig længes efter hans ord, og dermed sulte og tørste efter retfærdighed. Det skyldes, at vi forstår, at Guds enbårne søn Jesus, som var skyldfri og lydefri, tog korsets lidelser og skam for os. Han tog korsets skam og lidelser for at forløse os fra vores synder, da vi alle er syndere, og for at give os det evige liv.

Hvis vi tror på korsets kærlighed, kan vi ikke gøre andet end at leve efter Guds ord. Vi vil tænke: "Hvordan kan jeg gengælde Herrens kærlighed og behage Gud? Hvordan kan jeg gøre det, som Gud vil?" Ligesom et tørstigt dådyr leder efter en kilde med vand, vil vi søge den form for retfærdighed, som Guds ønsker.

Og dermed vil vi flittigt adlyde, når vi hører ordet, skille os af med synder og praktisere sandheden.

Gerninger hos de mennesker, som sulter og tørster efter retfærdighed

Ved Guds kraft blev jeg helbredt for mange sygdomme, som lægevidenskaben ikke kunne kurere. Da jeg mødte Gud på denne måde, længtes jeg efter Guds ord, som gav mig nyt liv. Jeg deltog i vækkelsesmøder for at høre mere og forstå mere, og jeg søgte Gud for at komme tættere på ham.

"Jeg elsker dem, som elsker mig, og de, der søger mig, finder mig" (Ordsprogenes Bog 8:17).

Jeg begyndte at indse Guds vilje gennem prædikener om at holde søgnedagen hellig, give fuldt tiende, og at man ikke skal komme tomhændet til Gud (Anden Mosebog 23:15), og jeg forsøgte at praktisere ordet med flid. På grund af min taknemmelighed overfor Gud, som helbredte mig og frelste mig, tørstede jeg efter at praktisere Guds ord.

I takt med at jeg begyndte at praktisere Guds retfærdighed, indså jeg, at jeg havde had i hjertet. Og jeg tænkte: "Hvem er jeg, at jeg har denne evne til at hade?"

Jeg følte had overfor de mennesker, som havde såret mine følelser, mens jeg lå på sygelejet i syv år, men da jeg indså Jesu kærlighed, hvormed han havde ladet sig korsfæste og havde udgydt blod og vand for mig, bad jeg om at skille mig af med hadet.

"Kald på mig, så vil jeg svare dig og fortælle dig om store og ufattelige ting, som du ikke kender" (Jeremias' Bog 33:3).

Jeg bad og tænkte over tingene fra de andres synspunkt, og jeg kunne se, hvorfor de havde handlet, som de havde, ud fra deres situation.

Mens jeg tænkte over, hvor knuste de må have været over at se min hjælpeløshed, smeltede alt mit had væk, og jeg opnåede kærlighed af hjertets grund til alle mennesker.

Jeg holdt også Bibelens ord i hu, og dens påbud om, hvad vi skal gøre, undlade at gøre, overholde og skille os af med. Jeg omsatte dem til praksis. I min notesbog noterede jeg mig alle de syndefulde ting, jeg skulle kaste af mig, og så begyndte jeg at skille mig af med dem gennem bøn og faste. Når jeg var sikker på, at jeg havde kastet noget bestemt af mig, stregede jeg det ud med en rød tusch. Det tog mig i alt tre år at skille mig af med al den syndefulde natur, som jeg havde skrevet op i min notesbog.

I Første Johannesbrev 3:9 står der: *"Enhver, som er født af Gud, gør ikke synd; for Guds sæd bliver i ham, og han kan ikke synde, fordi han er født af Gud."* Når vi sulter eller tørster efter retfærdighed, og adlyder og praktiserer Guds ord, så vil det være bevis for, at vi tilhører Gud.

At spise Menneskesønnens kød og drikke hans blod

Hvad har man mest behov for, når man er sulten og tørstig? Man har naturligvis brug for mad til at stille sulten og drikke til at slukke tørsten. Disse ting vil opleves som mere dyrebare end nogen ædelsten.

To handelsrejsende kom ind i et telt i ørkenen. De begyndte lidt efter lidt at prale af deres ædelsten. En arabisk nomade, som havde iagttaget dem, fortalte dem sin historie.

Han havde være meget optaget af ædelsten. Men en dag, mens hans krydsede ørkenen, blev han fanget i en sandstorm. I flere dage kunne han ikke finde noget at spise, og han blev udmattet. Så fandt han en sæk, og han åbnede den straks. Den var fuld af de ædelsten, han tidligere havde været så optaget af.

Så var han da ikke glad for at finde disse dyrebare ædelsten? Nej, egentlig ikke. Han var nærmere fortvivlet. Det, han for alvor havde brug for, var ikke ædelsten, men mad og drikke. Hvad skal man bruge juveler til, når man er ved at dø af sult og tørst?

Det samme gælder for ånden. I Johannesevangeliet 6:55 siger Jesus: *"For mit kød er sand mad, og mit blod er sand drik."* Han siger også i Johannesevangeliet 6:53: *"Sandelig, sandelig siger jeg jer: Hvis I ikke spiser Menneskesønnens kød og drikker hans blod, har I ikke liv i jer."*

Det, vi har brug for, sådan at ånden kan få spirituelt liv, er at blive velsignet til at spise Jesus kød og drikke hans blod.

Menneskesønnens kød symboliserer her Guds ord. At spise hans kød betyder at tage Guds ord til sig og overholde det, sådan som det står i Bibelens 66 bøger. At drikke Jesu blod er at bede med tro og praktisere ordet, fra det øjeblik vi læser, hører eller lærer det.

Vækstprocessen for de mennesker, som sulter og tørster efter retfærdighed

Første Johannesbrev kapitel 2 giver os en detaljeret beskrivelse af væksten i spirituel tro og fortæller, hvordan vi skal opnå det evige liv ved at spise Menneskesønnens kød og drikke hans blod.

"Jeg skriver til jer, børn; Jeres synder er tilgivet jer for hans navns skyld. Jeg skriver til jer, fædre: I kender ham, som har været fra begyndelsen. Jeg skriver til jer, I unge: I har overvundet den Onde. Jeg skriver til jer, børn: I kender Faderen. Jeg har skrevet til jer, fædre: I kender ham, som har været fra begyndelsen. Jeg har skrevet til jer, I unge: I er stærke, Guds ord bliver i jer, og I har overvundet den Onde" (Første Johannesbrev 2:12-14).

Når et menneske, som ikke kender Gud, tager imod Jesus Kristus og får tilgivet sine synder, så får han Helligånden og dermed rettigheden til at blive Guds barn. Det betyder, at han bliver ligesom en nyfødt baby.

Når denne baby vokser op og bliver et barn, vil han komme til at kende mere og mere til Guds vilje, ligesom et barn kender sin mor og far, men han kan ikke for alvor praktisere ordet fuldt ud. Det svarer til, at børn elsker deres forældre, men deres tanker er ikke dybe, og de kan ikke for alvor forstå deres forældres hjerter.

Når man har gennemgået tiden som at spirituelt barn, bliver man et ungt menneske i ånden, og man har væbnet sig med ord og bøn. Man ved, hvad synd er, og har lært Guds vilje at kende. Unge mennesker er energiske, men de har også deres egne holdninger, og holder til tider meget fast på dem. Så de er i fare for at foretage fejl, men de har selvtillid og drivkraft til at opnå deres mål.

I den åndelige ungdom elsker folk Gud og har stærk tro, så de tager ikke meningsløse verdslige ting til sig. De er fulde af ånd, har håb om det himmelske rige og kæmper mod synderne, mens de lytter til Guds ord.

De har styrke og mod til at gennemgå prøvelser og fristelser. Guds ord dvæler i dem, så de kan overvinde den fjendtlige djævel og verden, og sejre under alle omstændigheder.

Når de har gennemgået denne ungdomstid, bliver de ligesom fædre, og de er blevet modne. Gennem deres erfaringer kan de gennemtænke alle aspekter, når de skal træffe beslutninger, og de har god dømmekraft. De vil også opnå visdom til at sænke hovedet fra tid til anden.

Mange mennesker siger, at vi først kan forstå vores forældres hjerter, når vi selv har fået børn. På samme måde er det først, når vi bliver åndelige fædre, at vi kan fatte Guds oprindelse, sådan at vi kan forstå hans forsyn og opnå et højere niveau af tro.

En åndelige fader er en person, som har opnået et tilstrækkeligt højt niveau til at forstå Guds oprindelse og alle andre hemmeligheder i det spirituelle rige, inklusiv himlen og jordens skabelse. Da vedkommende kender Guds hjerte og vilje, kan han adlyde præcis i overensstemmelse med Guds hjerte, og derfor vil han få Guds kærlighed og velsignelser. Han kan modtage alle former for velsignelser inklusiv helbred, berømmelse, magt, velstand, børn og så videre.

Velsignelsen at blive mættet åndeligt

Når vi er blevet født igen som Guds børn, kan vi vokse i ånden og komme ind i den spirituelle dimension i den udstrækning, vi indtager den sande mad og drikke. Efterhånden som vi kommer dybere ind i den spirituelle dimension, kan vi lettere herske over den fjendtlige djævel og Satan, og vi vil også blive bedre i stand til at forstå Gud Faders hjerte.

Det vil blive muligt for os at kommunikere klart med Gud og lade os lede af Helligånden i alle ting, sådan at vi vil trives på alle områder. Et liv med kommunikation med Gud gennem Helligåndens fylde er en velsignelse; og det er den velsignelse, der gives til de mennesker, som hungrer og tørster efter retfærdighed.

Som der står i Matthæusevangeliet 5:6: *"Salige er de, som hungrer og tørster efter retfærdigheden, for de skal mættes."* De mennesker, som får den velsignelse at blive mættet, har ingen grund til at gennemgå prøvelser og trængsler.

Selv om der er forhindringer, vil Gud sørge for, at vi undgår dem gennem Helligåndens vejledning. Og selv om vi møder vanskeligheder, vil Gud lade os vide, hvordan vi skal komme ud af dem. Da vore sjæl trives, vil alt gå os godt, og vi vil være sunde. Vi vil lade os lede til at trives på alle områder, sådan at vores læber vil væres fulde af vidnesbyrd.

Hvis vi lader os lede af Helligånden på denne måde, vil vi få styrke til at indse vores synder og ondskab med lethed og skille os af med dem, sådan at vi kan gå helliggørelsen i møde. I denne proces i vores kristne liv er det til tider ikke let at finde de ting, som ligger dybt i vores hjerter. Slet ikke, hvis der er tale om meget små overtrædelser.

I denne situation vil vi indse, hvad vi skal gøre og opnå, hvis Helligåndens lys skinner på os. Og så kan vi opnå et højere niveau af tro.

Selv om vi ikke praktiserer usandheden eller begår synder, så indser vi måske ikke, hvordan vi skal behage Gud i forskellige situationer. I dette tilfælde vil vores sjæl trives endnu mere, hvis vi ved Helligåndens gerning indser, hvad der behager Gud, og gennemfører det.

Vigtigheden af sand mad og drikke

En troende var dybt fortvivlet, fordi han havde en gæld på flere hundred tusind dollars. Men han havde et ønske om at finde Gud og holde sig til ham. Da dette var hans sidste håb, begyndte han at bede og lytte til Guds ord med et længselsfuldt hjerte.

Han lyttede til båndoptagelser af prædikener på vej til arbejde, og han læste mindst et kapitel i Bibelen og lærte et Bibelvers udenad hver dag. Han huskede på Guds ord til enhver tid og fulgte det.

Det betød dog ikke, at porten til velsignelserne blev åbnet med det samme. I takt med at han oprigtigt søgte Guds vilje og bad indtrængende, voksede hans tro. Han sjæl trivedes, og velsignelserne begyndte at komme over hans virksomhed. Snart blev han i stand til at tilbagebetale de mange hundred tusind dollars, han skyldte. Og det tiende, han betaler, vokser til stadighed.

Hvis vi virkelig hungrer og tørster efter retfærdigheden, så vil vi opnå den på samme måde som de mennesker, der hungrer og tørster, vil lede efter mad og drikke. Resultatet vil være, at vi vil få velsignelser i form af godt helbred og velstand. Vi vil få Helligåndens fylde og inspiration og kommunikere med Gud. Og vi vil være i stand til at opnå Guds rige i højeste grad.

"Hvor meget tænker jeg på Gud, og hvor meget mediterer jeg over hans ord hver dag?"
"Hvor oprigtigt beder jeg og forsøger at praktisere Guds ord?"

Lad os undersøge os selv på denne måde, og lad os hungre og tørste efter retfærdighed, indtil Herren kommer tilbage, sådan at vi vil få den velsignelse at blive mættet spirituelt af Gud Fader.

Så vil vi være i stand til at have en dyb kommunikation med Gud, og lade os føre til et liv i trivsel. Og hvad der er endnu vigtigere: Vi vil opnå en strålende bolig i det himmelske rige.

Kapitel 5
Den femte velsignelse

— ∽∾ —

Salige er de barmhjertige, for de skal møde barmhjertighed

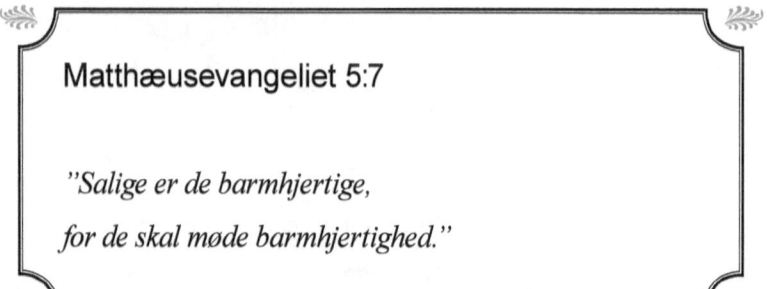

Matthæusevangeliet 5:7

*"Salige er de barmhjertige,
for de skal møde barmhjertighed."*

Jean Valjean i De Elendige kom i fængsel i 19 år bare for at have stjålet et brød. Da han blev løsladt, var der en præst, som gav han mad og husly, men han stjal en sølvlysestage fra ham og flygtede. Han blev dog fanget af politiet og bragt tilbage til præsten. Præsten ønskede at redde Jean Valjean og sagde derfor, at han havde givet han lysestagen. Desuden spurgte han: "Men hvorfor tog du dog ikke det øvrige sølvtøj?", og undgik derved at give politiet yderligere mistanker.

Gennem denne hændelse lærte Jean Valjean om sand kærlighed og tilgivelse, og begyndte at leve et nyt liv. Men detektiven Javert forfulgte Jean Valjean og gav ham problemer gennem hele livet. Valjean reddede på et senere tidspunkt detektiven fra at blive skudt, og forklarede, at der er mange ting, der er store: havet, jorden, himlen... men tilgivelse er det største.

At have barmhjertighed med andre

Hvis vi tilgiver andre med barmhjertighed, kan vi røre deres hjerter og dette kan forandre dem. Hvad betyder barmhjertighed?

Barmhjertighed er at tilgive af hjertet og at bede for andre og rådgive dem med kærlighed, selv om de begår synder eller direkte skaber problemer for os. Det ligner den godhed, der findes i Helligåndens ni frugter i Galaterbrevet kapitel 5, men barmhjertighed er dybere end som så.

Godhed er kun at følge det gode uden at have nogen ondskab, og godheden ses tydeligt hos Jesus, som hverken skændtes eller råbte.

"Han skændes ikke, han råber ikke, man hører ikke hans røst i gaderne. Det knækkede rør sønderbryder han ikke, den osende væge slukker han ikke, til han har ført retten til sejr" (Matthæusevangeliet 12:19-20).

At han ikke sønderbryder det knækkede rør betyder, at selv om nogen gør noget ondt, så straffer Herren ikke med det samme, men bærer over med dem, indtil de opnår frelse. For eksempel vidste Jesus, at Judas Iskariot ville sælge ham senere, men han rådgav ham alligevel med kærlighed og forsøgte at få ham til at forstå indtil det sidste.

At han ikke slukker den osende væge betyder, at Gud ikke straks forsager sine børn, selv om de ikke lever i sandheden. Selv om vi kan begå synder og ikke er perfekte, vil Gud give os indsigt gennem Helligånden og bære over med os indtil det sidste, sådan at vi kan forandre os gennem sandheden.

Barmhjertighed er at forstå, tilgive og lede andre på den rette vej med Herrens hjerte, selv om de handler ondt mod os uden grund. Det betyder ikke at tænke ud fra egne synspunkter og søge egen vinding, men at forstå andres synspunkter, sådan at vi kan vise dem barmhjertighed.

Jesus tilgav den utro kvinde

I Johannesevangeliet kapitel 8 bragte farisæerne og de skriftkloge en kvinde, der var grebet i ægteskabsbrud, frem for Jesus. De stillede ham følgende spørgsmål for at sætte ham på prøve: *"I loven har Moses påbudt os at stene den slags kvinder, hvad siger du?"* (vers 5). Lad os prøve at forestille os denne situation. Kvinden, som var blevet grebet i ægteskabsbrud, må have skælvet af skam over, at hendes synd blev afsløret for alle og af frygt for at dø.

De skriftkloge og farisæerne, som var opfyldt af deres onde intentioner, tog ingen notits af kvinden, som var grebet af frygt. De var i stedet stolte over, at de nu havde sat en fælde for Jesus. Nogle af de mennesker, som så dette, havde sikkert allerede samlet nogle sten op, fordi de havde dømt kvinden ifølge loven.

Men hvad gjorde Jesus? Han bøjede sig stille ned og begyndte at skrive på jorden med fingeren. Det, han skrev, var navnene på de synder, som var mest udbredte blandt de tilstedeværende. Så rettede han sig op og sagde: *"Den af jer, der er uden synd, skal kaste den første sten på hende"* (vers 7).

Jøderne blev mindet om deres synder og følte skam, og en efter en forlod de stedet. Til sidst var Jesus alene tilbage med kvinden, og han tilgav hende med ordene: *"Heller ikke jeg fordømmer dig. Gå, og synd fra nu af ikke mere"* (vers 11). Det må have været et uforglemmeligt øjeblik for denne kvinde. Og hun ville formodentlig aldrig synde igen.

Barmhjertighed kan vises på forskellige måder, og den kan kategoriseres som tilgivelsens barmhjertighed, straffens barmhjertighed og frelsens barmhjertighed.

Frelsens grænseløse barmhjertighed

De mennesker, som har taget imod Jesus Kristus som deres frelser, har allerede fået stor barmhjertighed fra Gud. Uden Guds barmhjertighed ville vi falde i helvede på grund af vores synder og lide til evig tid.

Men Jesus udgød sit blod på korset for at forløse menneskeheden fra deres synder, og når vi tror det, kan vi tilgives uden pris og blive frelst. Dette er Guds barmhjertighed.

Selv i dette øjeblik venter Gud på de utallige sjæle, som skal finde ind på frelsens vej, på samme måde som forældre venter på at gense deres børn, som er taget hjemmefra.

Hvis nogen sårer Guds følelser, så vil Gud undlade at irettesætte ham og sige: "Hvorfor har du skuffet mig på denne måde? Hvorfor har du begået så mange synder?", hvis bare vedkommende angrer med oprigtigt hjerte og omvender sig. Gud favner disse mennesker i sin kærlighed.

"Kom, lad os gå i rette med hinanden, siger Herren. Er jeres synder som skarlagen, kan de blive som sne; er de røde som purpur, kan de blive som uld" (Esajas' Bog 1:18).

"Så langt som øst ligger fra vest, så langt har han fjernet vores synder fra os" (Salmernes Bog 103:12).

De mennesker, som har barmhjertighed, vil ikke huske på andres tidligere synder, hvis de mennesker, som har gjort noget forkert, angrer og omvender sig. De vil ikke tænke: "Han har begået så store overtrædelser tidligere", og de vil ikke holde sig fra han eller have modstand mod ham, men bare tilgive ham. Og de til opmuntre ham til at klare sig endnu bedre.

Lignelsen med tjeneren, der tilgives tusind talenter

En dag spurgte Peter Jesus om tilgivelse: *"Herre, hvor mange gange skal jeg tilgive min broder, når han forsynder sig mod mig? Op til syv gange?"* (Matthæusevangeliet 18:21). Peter mente selv, at det var storsindet at tilgive op til syv gange, men Jesus svarede: *"Jeg siger dig, ikke op til syv gange, men op til syvoghalvfjerds gange"* (Matthæusevangeliet 18:22).

Det betyder dog ikke, at vi skal tilgive syvoghalvfjerds gange. Syv er tallet for fuldkommenhed, og syvoghalvfjerds betyder, at vi skal tilgive ubegrænset og fuldkomment. Med denne lignelse fortæller Jesus om tilgivelsens barmhjertighed.

En konge havde mange tjenere. En af tjenerne skyldte kongen ti tusind talenter, men kunne ikke betale tilbage. En talent svarede på daværende tid til 6000 denarer. Det svarede til 6000 dagslønninger eller omkring 16 års arbejde for en almindelig arbejder.

Lad os antage, at en almindelig dagløn i dag er omkring 50 $ eller 250 kr. Så vil en talent være så meget som 300.000 $, og ti tusind talenter vil være 3 milliarder $ eller 15 milliarder kr. Hvor skulle en tjener få så mange penge fra?

Kongen sagde til ham, at han skulle sælge sin kone, sine børn og alt, hvad han ejede, for at betale tilbage. Men tjenere kastede sig på jorden og bønfaldt kongen med ordene: *"Hav tålmodighed med mig, så skal jeg betale dig det alt sammen"* (vers 26). Kongen fik medynk med ham og eftergav ham gælden.

Tjeneren, som var blevet eftergivet sin gæld, mødte en af de andre tjenere, som skyldte ham hundred denarer. En denar var en sølvmønt, som blev brugt i Romerriget til betaling for en dags arbejde. Antager vi som tidligere, at en dagløn er 50 $ eller 250 kr., vil der være tale om en gæld på 5000 $ eller 25.000 kr. Det er et relativt lille beløb sammenlignet med de ti tusind talenter.

Men tjeneren, som var blevet eftergivet sin gæld, greb den anden i struben og sagde: "Betal, hvad du skylder!". Og selv om medtjeneren kastede sig ned for ham og bad om nåde, lod han ham sætte i fængsel.

Da konge hørte om dette, kaldte han tjeneren for sig og sagde: *"Du onde tjener, al den gæld eftergav jeg dig, da du bad mig om det. Burde du så ikke også forbarme dig over din medtjener, ligesom jeg forbarmede mig over dig?"* og han satte ham i fængsel (Matthæusevangeliet 18:32-33).

Det samme gælder for os. Vi var tidligere på vej på døden på grund af vores synder. Men synderne blev os tilgivet uden nogen pris, alene på grund af Jesu Kristi kærlighed. Så hvis vi ikke tilgiver andres små fejl, og i stedet dømmer og fordømmer dem, der er tale om alvorlig ondskab.

Hav et stort hjerte til at tilgive andre

Selv om andre mennesker måske vil være årsag til tab for os, så bør vi ikke have modvilje mod dem eller undgå dem, men i stedet forstå og favne dem. På denne måde vil vi have et stort hjerte, der kan favne mange mennesker.

Hvis vi har barmhjertighed, vil vi ikke hade nogen eller føle nag mod nogen. Selv om andre gør noget forkert i Guds øjne, bør vi være i stand til at rådgive dem med kærlighed frem for at straffe dem.

Nogle mennesker føler sig urolige ved at rådgive andre, fordi de har det dårligt med det, de andre har gjort, eller fordi de er bange for at såre de andres følelser. Det skyldes, at de ikke rådgiver med kærlighed. Selv om de citerer det sande ord, vil de ikke modtage Helligåndens gerning, hvis ikke de gør det med kærlighed. Og dermed vil de ikke være i stand til at forandre andres hjerter.

Selv når ledere gør noget forkert mod deres underordnede, skal vi følge Første Petersbrev 2:18, hvor der står: *"I, som er tjenestefolk, skal underordne jeg under jeres herrer med al ærefrygt, ikke kun de gode og milde, men også de urimelige."* Vi bør adlyde med ydmyghed og bede for dem med kærlighed.

Hvis en underordnet gør noget forkert overfor sin leder, bør lederen ikke straks irettesætte vedkommende eller lade stå til for ikke at skabe problemer. Han skal i stedet være i stand til at undervise den underordnede med ordet og give vedkommende den rette forståelse. Dette er også en form for barmhjertighed.

Når ledere tager sig af deres underordnede med kærlighed og barmhjertighed, og leder med med godhed, så kan de stå fast. Lederne vil også blive belønnet for at havde gjort deres pligt med hensyn til at tage sig af de mennesker, der er i deres varetægt.

Uanset hvilken situation, vi bliver udsat for, bør vi være i stand til at forstå de andres synspunkter. Vi må bede for dem og rådgive dem med en kærlighed, der er stor nok til at ofre livet for dem. Når vi har denne form for kærlighed, må vi til tider straffe de mennesker, som går den forkerte vej, hvis det er nødvendigt for at føre dem til sandheden.

Straffens barmhjertighed, som indeholder kærlighed

Mens der er tilgivelsens barmhjertighed, er der også straffens barmhjertighed. Det er, når barmhjertigheden vises i form af en straf, der stemmer overens med situationen. Barmhjertighedens straf har ikke noget at gøre med had eller fordømmelse. Den kommer af kærlighed.

Den femte velsignelse · 79

"For Herrens tugter den, han elsker, han straffer hver søn, han holder af. For jeres opdragelses skyld skal I holde ud; Gud behandler jer som sønner. For hvor er den søn, som ikke tugtes af sin far? Hvis I lades uden den opdragelse, som er alles lod, er I uægte børn og ikke sønner" (Hebræerbrevet 12:6-8).

Gud elsker sine børn, og det er derfor, han lader dem straffe. På den måde hjælper Gud dem med at omvende sig fra synder og handle i overensstemmelse med sandheden.

Lad os antage, at nogle børn har stjålet noget. Da det er en del af kærligheden til ens børn at opdrage dem, er der sikkert mange forældre, som vil slå børnene for den første forseelse. Hvis de angrer med tårer og af hjertet, vil forældrene formodentlig omfavne dem varmt og sige: "Så tilgiver jeg dig denne gang. Men gør det aldrig mere!"

Men hvis børnene siger, at de fortryder og ikke vil gøre det mere, og alligevel fortsætter på samme måde, hvad skal forældrene så gøre?

Så bør de gøre deres bedste for at rådgive dem. Hvis børnene ikke lytter, vil forældrene være nødt til at slå dem, selv om det vil knuse deres hjerte, sådan at børnene kan tage ved lære. Da forældrene elsker deres børn, straffer de dem, sådan at de kan omvende sig, før de kommer ind på en vej, hvor det for alvor går galt.

Når børn synder

En tyv var kommet i retten, og bad om at få lov at se sin mor før rettergangen. Da han mødte hende, begyndte han at råbe og skrige, at det var hendes skyld, han var blevet tyv. Han sagde, at han var blevet tyv, fordi hun ikke havde straffet ham i barndommen, når han stjal.

Hvis man spørger forældre, hvorfor de ikke straffer deres børn, når de gør noget forkert, vil mange påstå, at det er fordi de elsker børnene. Men i Ordsprogenes Bog 13:24 står der: *"Den, der sparer på stokken, hader sin søn, den, der elsker sin søn, tugter ham i tide."*

Hvis vi bare tænker: *"Åh, mit kære barn"* om vores børn, så vil selv deres forkerte handlinger synes elskelige. Der er mange mennesker, som ikke skelner mellem rigtigt og forkert på grund af denne form for kødelige følelser, og så foretager de forkerte vurderinger.

Selv om børnene kontinuerligt handler upassende, korrigerer forældrene dem ikke, men accepterer det i stedet. Så vil børnenes adfærd i stigende grad blive fejlagtigt og komme på vildspor.

For eksempel ser vi i Første Samuelsbog kapitel 2, at præsten Elis to sønner Hofni og Pinehas lå med de kvinder, der arbejdede ved indgangen til Åbenbaringsteltet. Men Eli sagde bare til dem: *"Hold op med det, mine sønner. Det er ikke noget godt rygte, jeg hører Herrens folk udbrede om jer"* (vers 24). De to sønner fortsatte med at synde, og fik et miserabelt endeligt.

Hvis præsten Eli havde irettesat dem hårdt og revses dem det nødvendige til at opføre sig som ordentlige mennesker, ville det ikke have gået dem så galt. De nåede et punkt, hvor fra de ikke kunne omvendes, fordi deres far ikke opdragede dem ordentligt.

Men man kan ikke sige, at straf har noget med barmhjertighed at gøre, hvis ikke der er kærlighed i den. Lad os antage, at et barn af en af vores naboer stjæler noget fra os. Hvad skal vi gøre? De mennesker, som handler med godhed, vil få medlidenhed med barnet og tilgive ham, hvis han beder om tilgivelse af hjertets grund. Men de mennesker, som ikke rummer nogen godhed, vil blive vrede på barnet og skælde det ud, selv om han beder om tilgivelse, og de vil forlange, at barnet bliver straffet under alle omstændigheder. Eller de vil måske fortælle om hændelsen til mange mennesker, eller huske på det i lang tid og havde fordomme overfor barnet.

Denne form for straf kommer af had, og har derfor ikke noget med barmhjertighed at gøre. Den kan ikke forandre det andet menneske. Når vi straffer, bør vi straffe med kærlighed med tanke på vedkommendes måde at se tingene på og hans fremtid. Så vil vi straffe med barmhjertighed.

Når brødre i troen synder

Bibelen fortæller os detaljeret, hvordan vi skal håndtere det, når en broder i troen synder.

"Hvis din broder forsynder sig imod dig, så gå hen til ham og drag ham til ansvar på tomandshånd. Hører han dig, så har du vundet din broder. Hører han dig ikke, så tag én eller to med dig, for på to eller tre vidners udsagn skal enhver sag afgøres. Hører han heller ikke dem, så sig det til menigheden, og vil han ikke engang høre på menigheden, skal han i dine øjen være som en hedning og en tolder" (Matthæusevangeliet 18:15-17).

Når vi ser en broder i troen synde, bør vi ikke udbrede det til andre. Først skal vi tale med ham personligt, sådan at han kan omvende sig. Hvis han ikke hører efter, bør vi tale med ham sammen med nogen, der har større autoritet i hans gruppe, sådan at han kan omvende sig.

Hvis han stadig ikke hører efter, må vi fortælle det til de kirkelige autoriteter, sådan at han kan komme ind på frelsens vej. Hvis han heller ikke lytter til menigheden, så skal vi ifølge Bibelen behandle ham som en ikke-troende. Men vi bør hverken dømme eller fordømme andre mennesker, selv om de begår alvorlige synder. Det er først, når vi udviser kærlighed og barmhjertighed, at vi kan få Gud barmhjertighed igen.

Barmhjertigheden i velgørende arbejde

Det er indlysende for Guds børn, at de skal tage sig af de mennesker, som er i nød, og vise dem barmhjertighed. Det kan ikke siges, at vi har barmhjertighed, hvis vi kun har medfølelser, men ikke skrider til handling, når brødre i troen lider. Barmhjertigheden i velgørende arbejde er efter Guds opfattelse at dele det, vi har, med de brødre, som lider nød.

I Jakobsbrevet 2:15-16 står der: *"Hvis en broder eller søster ikke har tøj at tage på og mangler det daglige brød, og en af jer siger til dem: 'Gå bort med fred, sørg for at klæde jer varmt på og spise godt', men ikke giver dem, hvad legemet har brug for, hvad nytter det så?"*

Nogle vil måske sige: "Jeg vil virkelig gerne hjælpe, men jeg har ikke noget at give for at hjælpe dem." Men vil forældre lade deres børn sulte, bare fordi de har økonomiske vanskeligheder? Vi bør være i stand til at tage vare på vores brødre på samme måde, som vi tager vare på vores egne børn.

De mennesker, som bliver straffet på grund af deres synder

Når vi viser medlidenhed og hjælper dem, som er i nød, så er der noget, vi må huske. Det er, at vi ikke bør hjælpe dem, som har problemer, fordi de har syndet overfor Gud. De har selv været årsag til deres problemer.

Under kong Jeroboams herredømme i kongeriget Israel var der en profet ved navn Jonas. I Jonas' Bog kan vi se personer, som kom i vanskeligheder sammen med profeten Jonas, der var ulydig overfor Gud.

En dag sagde Gud til Jonas, at han skulle tage til byen Nineve, som var hovedstaden i et land, der var fjendtligt indstillet overfor Israel, og forkynde Guds advarsel. Byen Nineve var fyldt med synd, og Gud ville derfor ødelægge den.

Jonas vidste, at hvis folk i Nineve angrede, efter at de havde hørt Guds advarsel, så ville de undgå ødelæggelsen. Han kendte Guds hjerte, som har en ubegrænset barmhjertighed og er kærligheden selv. Så det ville være det samme som at hjælpe landet Assyrien, der var fjendtligt indstillet overfor Israel. Jonas var derfor ulydig overfor Guds ord, og steg ombord på et skib, der sejlede til Tarshish.

Men Gud sendte en stor storm, og folk ombord på skibet smed alt, hvad de havde, overbord og led store tab. Til sidst fandt de ud af, at stormen skyldtes Jonas' ulydighed overfor Gud. De vidste, at stormen ville stoppe, hvis de smed Jonas overbord, sådan som han sagde, at de skulle, men de følte sympati for ham og kunne ikke få sig selv til det. Så deres lidelser blev forlænget, indtil de smed ham overbord.

Moralen i dette eksempel er, at når vi udviser barmhjertighed, må vi gøre det med visdom. Vi skal forstå, at hvis vi hjælper de mennesker, som har problemer på grund af Guds straf, så vil vi selv få de samme problemer.

Et andet eksempel er, at en person, som er sund og rask, undlader at arbejde, fordi han er doven, og så vil det ikke være rigtigt at hjælpe ham. Der er folk, som helt vanemæssigt beder andre om hjælp, selv om de er fuldt ud i stand til at arbejde.

Hvis man hjælper disse mennesker, vil det gøre dem endnu mere dovne og hjælpeløse. Det vil være at udvise en barmhjertighed, som ikke er rigtig i Guds øjne, og det vil sætte en stopper for de velsignelser, Gud giver os.

Så vi bør ikke ubetinget hjælpe hvem som helst, der har problemer. Vi må skelne mellem forskellige årsager, sådan at vi ikke selv kommer ud for problemer, fordi vi hjælper andre.

At vise ikke-troende barmhjertighed

Det er vigtigt at påpege, at vi ikke kun skal udvise barmhjertighed overfor brødre i troen, men også overfor ikke-troende.

De fleste mennesker vil gerne være venner med folk, som er velstående og berømte, men de ser ned på folk, som det er gået dårligt i tilværelsen. De vil måske hjælpe disse mennesker nogle gange, hvis der tidligere har været et venskab, men det til ikke fortsætte. Vi bør dog hverken se ned på eller foragte andre mennesker. Vi skal anse alle andre som mere vigtige end os selv, og vi skal behandle alle med kærlighed.

Der er nogle mennesker, som virkelig er barmhjertige, og som tager højde for andre menneskers vanskeligheder. Og der er andre, som modvilligt hjælper andre, for at fremstå som hjælpsomme mennesker. Men Gud ser på hjertets inderste. Han siger, at barmhjertighed er at hjælpe med sand kærlighed, og han vil velsigne de mennesker, som er barmhjertige.

Velsignelser til de barmhjertige

Hvilke velsignelser giver Gud de mennesker, som er barmhjertige? I Matthæusevangeliet 5:7 står der: *"Salige er de barmhjertige, for de skal møde barmhjertighed."*

Hvis vi tilgiver og viser barmhjertighed selv over for de mennesker, som giver os problemer og skaber lidelser og vanskeligheder, så vil Gud have barmhjertighed med os og give os mulighed for at blive tilgivet, selv om vi skader eller sårer andre ved et uheld.

I vores Fadervor siger vi: *"Og forlad os vor skyld, som også vi forlader vore skyldnere"* (Matthæusevangeliet 6:12). Vi åbner muligheden for at opnå Guds barmhjertighed ved selv at være barmhjertige overfor andre.

I en af de tidligste menigheder var der en disciple ved navn Tabitha (Apostlenes Gerninger 9:36-42). De troende i Jerusalem blev spredt ud til mange forskellige steder på grund af de alvorlige forfølgelser. Nogle af den slog sig ned i en havneby ved navn Joppe. Denne by blev et centrum for kristne, og dér boede også Tabitha. Hun hjalp de fattige og nødstedte. Men en dag blev hun syg og døde. De mennesker, som var blevet hjulpet af hende, sendte bud efter Peter og bad ham om at genoplive hende. De viste ham alle de kjortler og kapper, hun havde lavet, mens hun var hos dem, og fortalte om alt det gode, hun havde gjort. Til sidst oplevede hun Guds forbløffende gerning ved at genopstå fra de døde gennem Peters bøn. Hun fik livets velsignelse ved Guds nåde og barmhjertighed.

Når vi har barmhjertighed med de mennesker, som er fattige og syge, vil Gud velsigne os med sundhed og velstand.

Jeg havde mange problemer i min ungdom på grund af fattigdom og sygdom, som jeg troede, at jeg aldrig ville blive helbredt for. Gennem denne vanskelige tid fik jeg god forståelse for, hvordan det er at leve med disse problemer.

Nu er det mere end tredive år side, at jeg blev kureret for alle mine sygdomme ved Guds kraft, og siden da har jeg ikke haft nogen helbredsmæssige problemer. Men jeg mister ikke min sympati for de mennesker, som lider under sygdomme og fattigdom, eller som er udstødt og forlad.

Så ikke alene før jeg åbnede kirken, men også bagefter, ønskede jeg at give en hånd til de nødlidende. Jeg tænkte ikke: "Det vil jeg gøre, når jeg bliver rig," men gik i stedet i gang med at hjælpe, selv om der ofte var tale om små beløb.

Gud var tilfreds med disse handlinger, og han velsignede mig i så høj grad, at jeg nu har mulighed for at give store beløb til verdensmissionen og andre opgaver, der stiler mod opnåelsen af Guds rige. Da jeg såede barmhjertighedens sæd hos andre mennesker, lod Gud mig høste i overflod.

Hvis vi udviser barmhjertighed overfor andre, vil Gud også tilgive vores overtrædelser. Han vil fylde os, sådan at vi ikke mangler noget, og han vil forandre svaghed til sundhed. Det er den barmhjertighed, vi vil få fra Gud, når vi er barmhjertige overfor andre.

I Johannesevangeliet 13:34 står der: *"Et nyt bud giver jeg jer: I skal elske hinanden. Som jeg har elsket jer, skal også I elske hinanden."* Lad os give så mange som muligt tryghed og liv med barmhjertighedens duft, så vil vi leve et liv med Guds velsignelser i overflod.

Kapitel 6
Den sjette velsignelse

—— ⦿⦿ ——

Salige er de rene af hjertet, for de skal se Gud

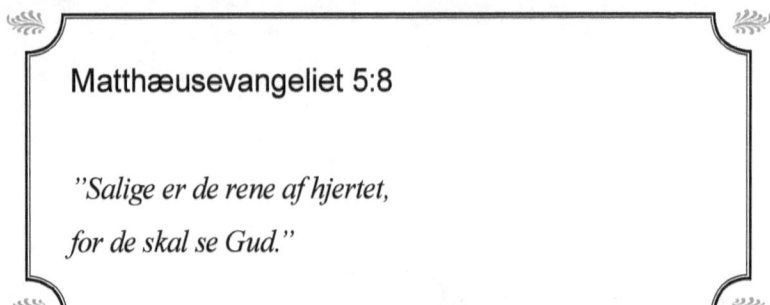

Matthæusevangeliet 5:8

*"Salige er de rene af hjertet,
for de skal se Gud."*

"Det første, jeg mærkede, da jeg landede på månen, var Guds skabelse og hans herlige nærvær."
Denne udtalelse blev fremsat af James Irwin, som tog til månen med Apollo 15 i 1971. Det er et meget berømt citat, som rørte mange mennesker over hele kloden. Da han senere holdt et foredrag i Ungarn, var der en studerende, som spurgte: "Ingen af astronauterne fra Sovjetunionen har sagt, at de har set Gud i universet, så hvordan kan det være, at du siger, du har set ham og lovpriser hans herlighed?"
Irwins svar var så klart, at det ikke var muligt at gøre indvendinger: "De, som er rene af hjertet, kan se Gud!" Han var på månen i 18 timer, og det siges, at han reciterede vers 8 i Salmernes Bog ved synet a jorden og det univers, Gud har skabt.

"Herre, vor Herre!
Hvor herligt er dit navn
over hele jorden,
du som har bredt din pragt ud på himlen! (...)
Når jeg ser din himmel, dine fingres værk,
månen og stjernerne, som du satte der, (...)
Herre, vor Herre!
Hvor herligt er dig navn
over hele jorden!"

De rene af hjertet for Gud

Merriam-Webster Online Dictionary definerer "ren" som "ublandet med andre materier, eller fri for støv, snavs eller anden forurening." I Bibelen betyder det at være "ren", at handle på en hellig måde, ikke kun udadtil med viden og uddannelse, men også at have hellige hjerter.

I Matthæusevangeliet 15 står der om Jesu virke i Galilæa, hvor de skriftkloge og farisæerne kom fra Jerusalem.

De skriftkloge og farisæerne var de mennesker, som var uddannet i at undervise folket i loven, og de overholdt selv loven strengt. De overholdt også de ældres tradition, og der var detaljerede regler om, hvordan lovens skulle overholdes. Disse traditioner var blevet overleveret gennem generationer.

Da de udøvede en hel del selvkontrol og levede asketiske liv, blev de anset for at være hellige. Men deres hjerter var fulde af ondskab. De blev stødte af Jesus ord, og forsøgte derfor at dræbe ham.

En af de ældres traditioner, som blev overholdt at de skriftkloge og farisæerne, var at det var urent at spise med uvaskede hænder.

De så, at Jesu disciple spiste uden at vaske deres hænder, og spurgte derfor Jesus på følgende måde:

"Hvorfor overtræder dine disciple de gamles overlevering?" (vers 2). Jesus svarede: *"Ikke det, som kommer ind i munden, gør et menneske urent, men det, som kommer ud af munden, det gør mennesket urent"* (vers 11).

"Men det, som kommer ud af munden, udgår fra hjertet, og det gør mennesket urent. Thi fra hjertet udgår onde tanker, mord, ægteskabsbrud, utugt, tyveri, falsk vidnesbyrd og bespottelser. Det er det, som gør mennesket urent. Men at spise uden at vaske hænderne gør ikke et menneske urent" (Matthæusevangeliet 15:18-20).

Jesus irettesatte dem også og sagde, at de var som kalkede grave (Matthæusevangeliet 23:27). I Israel brugte man tidligere huler som grave. Man malede normalt indgangen til graven med hvid kald.

Men en grav er beregnet til et lig, og uanset hvor meget vi dekorerer den, så vil den være fuld af forfald og stank indeni. Jesus sammenlignede de skriftkloge og farisæerne med kalkede grave, fordi de handlede helligt udadtil, men deres hjerter var fyldt af forskellige former for ondskab og synd.

Gud vil, at vi skal være smukke, ikke alene udenpå, men også i hjertet. Det er derfor, han siger: "Det drejer sig ikke om det, mennesker ser på; mennesker ser på det, de har for deres øjne, men Herren ser på hjertet" (Første Samuels bog 16:7). Og så salvede han David, som var hyrde, til konge af Israel.

Hvor ren er jeg af hjertet?

Når vi prædiker budskabet, så er der nogle mennesker, som

siger: "Jeg har ikke gjort noget ondt og jeg har levet et godt liv, så jeg skal nok komme i himlen." De tror, at de vil komme i himlen, selv om de ikke tror på Jesus Kristus, fordi de har gode hjerter og ikke har begået synder.

Men i Romerbrevet 3:10 står der: *"Der er ingen retfærdig, ikke en eneste."* Uanset hvor retfærdig og god, man selv tror, man er, så vil man indse, at man har mange overtrædelser og synder, hvis man reflekterer over sig selv med Guds ord, som er sandheden. Men nogle mennesker siger, at de ikke har nogen synder, fordi de ikke har gjort nogen noget ondt og ikke har brudt loven.

De tror for eksempel, at de er syndefri, selv om de hader nogen, fordi de ikke har gjort personen nogen skade rent fysisk. Men Gud siger, at det at have et ondt sind også er en synd.

Han siger følgende i Første Johannesbrev 3:15: *"Enhver, som hader sin broder, er en morder, og I ved, at ingen morder har evigt liv i sig."* Og i Matthæusevangeliet 5:28 står der: *"Enhver, som kaster et lystent blik på en andens hustru, har allerede begået ægteskabsbrud med hende i sit hjerte."*

Selv om det ikke ses som handlinger, så er hjertet urent, hvis en person har had, et utro sind, selviske lyster, arrogance, falskhed, jalousi eller vrede i hjertet. De mennesker, som er rene af hjertet, vil ikke udvise interesse for meningsløse ting, men udelukkende følge vejen med uforanderlige hjerter.

Ruth, en kvinde med et rent hjerte

Ruth var en ikke-jødisk kvinde, som blev enke i en ung alder uden at have nogen børn. Hun ville dog ikke forlade sin svigermor, men blev hos hende selv under dårlige omstændigheder. Hendes svigermor havde ikke noget at støtte sig til, men hun forsøgte alligevel at sende Ruth tilbage til sin familie for Ruths egen skyld. Ruth ville dog ikke tage af sted og lade svigermoderen alene.

"*Men Ruth svarede: 'Du må ikke tvinge mig til at forlade dig og vende tilbage. Nej, hvor du går hen, vil jeg gå, hvor du bor, vil jeg bo; dit folk er mit folk, og din Gud er min Gud. Hvor du dør, vil jeg dø, og der vil jeg begraves. Herren ramme mig igen og igen: Kun døden skal skille os!'*" (Ruths Bog 1:16-17).

Ruths udtalelse fortæller om hendes stærke vilje og kærlighed, hvormed hun ofrer sit liv i sin svigermors tjeneste. Svigermoderens hjemby var i Israel, som var et ukendt sted for Ruth. De havde hverken hus eller noget andet der.

Men Ruth tænkte ikke over disse omstædigheden, hun valgte bare at tjene sin svigermor, som var alene. Og hun fortrød ikke dette valg, men tjente svigermoderen med uforanderligt hjerte.

På grund af Ruths rene hjerte kunne hun ofre sig med glæde, og tjene sin svigermor med uforanderlighed. Resultatet var, at hun mødte en rig mand ved navn Boaz. Han var et godt menneske efter den Israelske tradition, og de fik en lykkelig familie. Ruth blev dermed oldemor til kong David og hendes navn er optegnet i Jesu slægtshistorie.

Velsignelser til de rene af hjertet

Hvilken slags velsignelser vil de rene af hjertet få? I Matthæusevangeliet 5:8 står der: *"Salige er de rene af hjertet, for de skal se Gud."*

Det er altid glædeligt at være sammen med de mennesker, man har kær. Gud er Fader til vores ånd, og han elsker os mere end vi selv. Hvis vi kan møde ham ansigt til ansigt og være ved hans side, så vil vi være så lykkelige, at det ikke kan sammenlignes med noget som helst andet.

Nogle vil måske spørge: "Hvordan kan man se Gud?" I Dommerbogen 13:22 står der: *"Og han [Manoa] sagde til sin kone: 'Nu skal vi dø, for vi har set Gud.'"*

I Johannesevangeliet 1:18 står der: *"Ingen har nogen sinde set Gud."* Mange steder i Bibelen kan vi se, at folk ikke burde have været i stand til at se Gud, og hvis de alligevel gjorde det, måtte de dø.

Men i Anden Mosebog 33:11 står der: *"Og Herren talte med Moses ansigt til ansigt, som det ene menneske taler med det andet."* Da israelitterne nåede til Sinajbjerget efter flugten fra Egypten, kom Gud ned, og de kunne ikke nærme sig af frygt for at dø, men Moses kunne se Gud (Anden Mosebog 20:18-19).

Desuden kan vi se i Første Mosebog 5:21-24 at Enok gik med Gud.

"Da Enok havde levet i 65 år, fik han Metusalem. Efter at Enok havde fået Metusalem, vandrede han i 300 år sammen med Gud og fik sønner og døtre. Enok levede i alt 365 år. Han vandrede med Gud. Så var han ikke mere, for Gud havde taget ham bort."

At Enok gik med Gud betyder ikke, at Gud selv kom ned til jorden for at gå med Enok. Det betyder, at Enok konstant kommunikerede med Gud og at Gud kontrollerede alt i Enoks liv. Udtrykkene at "gå sammen"og at "være sammen" et vidt forskellige. Hvis Gud "er med os" betyder det at han beskytter os gennem sine engle.

Når vi forsøger at leve ved ordet, vil Gud beskytte os, men han kan først gå med os, når vi er blevet fuldt ud hellige. Så når vi læser, at Enok gik med Gud i 300 år, kan vi forstå, at han var højt elsket af Gud.

Velsignelsen at se Gud

Så hvad er årsagen til, at nogle mennesker ikke kan se Gud, mens andre kan gå med ham og endda tale med ham ansigt til ansigt?

I Tredje Johannesbrev 1:11 står der: *"Min kære, du skal ikke efterligne det onde, men det gode. Den, der gør det gode, er af Gud; den, der gør det onde, har ikke set Gud."* De mennesker, som er rene i hjertet, kan som nævnt se Gud, mens de, som har hjerter, der er urene af ondskab, ikke vil være i stand til at se ham.

Vi kan se det i tilfældet med Stefanus, som blev martyr, mens han prædikede budskabet i tiden omkring de første kirker. I Apostlenes Gerninger kapitel 7 ser vi, at Stefanus prædikede budskabet om Jesus Kristus og bad for de mennesker, som stenede ham. Det betyder, at han i højeste grad var ren og fri for synd i hjertet. Derfor kunne han også se Herren, som stod ved Guds højre side.

De mennesker, som har rene hjerter, kan se Gud, og de vil få boliger i de bedste dele af himlen, dvs. i det tredje rige eller endnu bedre. Der kan de se Herren og Gud på nært hold og nyde den evige lykke.

Men de mennesker, som kommer i det første eller det andet rige i himlen, vil ikke kunne se Herren tæt på, selv om de ønsker det, for det spirituelle lys, der stråler i dem og deres bolig vil være anderledes på grund af deres niveau af helliggørelse.

Hvordan man bliver ren af hjertet

Den hellige og fuldkomne Gud vil, at vi skal være fuldkomne og rene, ikke kun i gerning, men også af hjertet ved at skille os af med de synder, som ligger dybt i os. Det er derfor, han siger: *"I skal være hellige, for jeg er hellig"* (Første Petersbrev 1:16) og

"For dette er Guds vilje, at I skal helliges, så I afholder jer fra utugt" (Første Thessalonikerbrev 4:3).

Så hvad skal vi gøre for at få det rene hjerte, som Gud kræver af os for at opnå hellighed?

De mennesker, som ofte bliver vrede, må skille sig af med vreden og gøre sig milde. De mennesker, som er arrogante, må skille sig af med arrogancen og gøre sig ydmyge. De mennesker, som hader andre, må forandre sig for at blive i stand til at elske selv deres fjender. Vi må kort sagt skille os af med alle former for ondskab og kæmpe mod synden til blodet flyder (Hebræerbrevet 12:4).

I den udstrækning vi skiller os af med ondskaben i hjertet, lytter til Guds ord, praktiserer det og fylder os med sandheden, kan vi have rene hjerter. Det vil være nytteløst at lytte til ordet, hvis ikke vi praktiserer det. Det vil være det samme, som hvis vore tøj er snavset, og vi bare siger: "Nå, det skal jeg vaske!", men lader det ligger på gulvet.

Hvis vi lytter til Guds ord og derved indser, at vi har snavsede ting i hjertet, så må vi gøre, hvad vi kan, for at skille os af med dem. Et rent hjerte kan naturligvis ikke opnås alene med menneskelig styrke og viljekraft. Det kan vi se af apostlen Paulus' bekendelse:

"For jeg glæder mig inders inde over Guds lov. Men jeg ser en anden lov i mine lemmer, og den ligger i strid med loven i mit sind og holder mig som fange i syndens lov, som er i mine lemmer. Jeg

elendige menneske! Hvem skal fri mig fra dette dødsens legeme?" (Romerbrevet 7:22-24).

"Inderst inde" henviser her til det oprindelige hjerte, som er givet af Gud. Det er sandhedens hjerte, som glæder sig over Guds lov og søger Gud. På den anden side er der et usandt hjerte, som ønsker at synde, så vi kan ikke skille os af med synderne alene ved egen kraft.

Vi kan for eksempel se dette hos folk, som har svært ved at holde op med at ryge eller drikke. De ved, at det er skadeligt at ryge cigaretter og drikke for meget alkohol, men de kan ikke holde op. De laver nytårsforsæt og forsøger at holde op, men det lykkes ikke.

De ved, at de kan tage skade, men da de rent faktisk godt kan lide at ryge og drikke, kan de ikke holde op. Hvis de modtager Guds styrke fra oven, vil de dog kunne holde op med det samme.

Det samme gælder for synder og ondskab i hjertet. I Første Timotheusbrev 4:5 står der: *"For det helliges ved Guds ord og ved bøn."* Når vi indser sandheden gennem Guds ord og får Guds nåde, styrke og Helligåndens hjælp gennem indtrængende bøn, kan vi skille os af med synderne.

Det, vi må gøre, er at bruge hele vores kraft og viljestyrke på at praktisere Guds ord. Vi bør ikke bare holde op efter at vi har praktiseret ordet et par gange. Hvis vi beder og til tider faster, indtil vi forandrer os, kan vi for alvor skille os af med synderne og få et rent hjerte.

De rene af hjertet får svar og velsignelser

De rene af hjertet får ikke kun den velsignelse at se Gud Faders billede. De vil også kunne få svar på deres hjertes ønsker gennem bøn, og de kan møde og opleve Gud i deres liv.

I Jeremias' Bog 29:12-13 står der: *"Råber I til mig, og går I hen og beder til mig, vil jeg høre jer. Søger I mig, skal I finde mig. Når I søger mig af hele jeres hjerte, er jeg at finde, siger Herren."* De rene af hjertet vil få svar fra Gud gennem deres oprigtige bønner, så de vil have mange vidnesbyrd i deres liv.

Til tider kan vi se, at folk, som er nye i troen og netop har taget imod Jesus Kristus, men ikke for alvor lever i sandheden, får svar på deres bønner. Selv om deres hjerter ikke for alvor er rene, møder og oplever de den levende Gud.

Det er det samme, som når små børn er søde og nuttede, og deres forældre giver dem det, de ønsker sig. Selv om de nye i troen ikke for alvor har opnået rene hjerter, så behager de Gud i forhold til målet af deres tro, og de kan derfor få svar på flere forskellige bønner.

Da jeg havde mødt Gud, var blevet helbredt for alle mine sygdomme og havde genvundet mit gode helbred, var jeg på udkig efter arbejde. Jeg blev flere gange tilbudt rigtig gode forhold, men hvis det ikke var muligt for mig at holde søgnedagen hellig, tog jeg ikke imod tilbuddet. Jeg gjorde mit bedste for at følge den rette vej med et hjerte, der var rent for Gud.

Gud var tilfreds med min indstilling og ledte mig til at starte en lille boghandel. Det gik godt, og jeg fik hurtigt planer om at flytte til et større sted. Så hørte jeg om et passende lokale.

Jeg tog derhen, men butiksindehaveren ville ikke overdrage mig forretningen, for det gik dårligt for ham, fordi jeg havde overtaget hans kunder. Jeg måtte give op, men jeg kunne også se tingene fra hans synspunkt og fik ondt af ham, så jeg bad af hjertets grund for hans velsignelse.

Senere fik jeg at vide, at der ville åbne en stor bogbutik lige overfor hans forretning. Det ville have været umuligt at konkurrere med en så stor forretning. Gud, som ved alt, havde arbejdet for at alt skulle falde godt ud, og havde forhindret, at der blev skrevet kontrakt.

Senere flyttede jeg til en anden forretning. Jeg tillod ikke nogen urolige studerende, og det var forbudt at ryge cigaretter og drikke alkohol i forretningen. Om søndagen, hvor der var flest kunder, holdt jeg lukket for at overholde søgnedagen. Ud fra en menneskelig tænkemåde ville dette være en dårlig forretningsdrift. Men antallet af kunder steg, og salget blev øget. Så alle måtte anerkende, at det var Guds velsignelse.

Når vi fører kristne liv kan vi for øvrigt også få Helligåndens gaver, for eksempel at tale i andre tungemål. Dette er en del af velsignelsen at se Gud.

"Én får tro ved den samme ånd, en anden nådegaver til at helbrede ved den ene og samme ånd,

og igen en anden får kraft til at gøre mægtige gerninger. Én får den gave at tale profetisk, en anden evnen til at bedømme ånder; én får forskellige slags tungetale, en anden evnen til at tolke tungetale. Alt dette virker den ene og samme ånd, der deler ud til hver enkelt, som den selv vil" (Første Korintherbrev 12:9-11).

Det vi skal huske er, at hvis vi i sandhed elsker Gud, så bør vi ikke være tilfredse med at have tro som et barn. Vi bør gøre vores bedste for at skille os af med alle former for ondskab i hjertet og blive hellige, sådan at vi vil få en moden tro og forstå Guds hjerte.

I Andet Korintherbrev 7:1 står der: *"Da vi nu har disse løfter, mine kære, skal vi rense os selv for alt snavs på krop og ånd og være hellige i gudsfrygt."* Lad os skille os af med alle former for snavs i hjertet og opnå hellighed!

Jeg håber, at vi vil have fremgang i alt og få det, vi beder om, ligesom et træ, der vokser ved floden, ikke tørrer ud, men bærer rigelig frugt selv i tørke. Jeg håber også, at vi vil være i stand til at se Gud ansigt til ansigt i det evige himmerige.

Kapitel 7
Den syvende velsignelse

Salige er de, som stifter fred,
for de skal kaldes Guds børn

Matthæusevangeliet 5:9

"Salige er de, som stifter fred,
for de skal kaldes Guds børn."

Når to lande deler grænse, så kan der opstå konflikter eller endda krige, hvor de hver især kæmper for egen fordel eller vinding. Det ses dog også, at lande, som grænser op mod hinanden, kan have fred i lang tid. Det er tilfældet med Argentina og Chile.

I lang tid var der krise mellem landene, og de var tæt på at komme i krig på grund af grænsekonflikter. Men de religiøse ledere i begge lande bønfaldt folk og sagde, at gensidig kærlighed ville være den eneste måde, hvorpå den kunne opnås fred mellem landene. Folk tog imod denne besked og valgte freden. De opstillede et skilt med bibelverset fra Efeserbrevet 2:14: *"For han er vor fred. Han gjorde de to parter til ét, og med sin legemlige død nedrev han den mur af fjendskab, som skilte os."*

Når der er fred mellem to lande betyder det, at der er et godt forhold mellem dem, og i personlige forhold vil det sige, at man har det godt i den andens selskab. Den spirituelle betydning af at være i fred med Gud er dog lidt anderledes. Det betyder, at vi ofrer os selv og tjener andre. Vi ydmyger os selv for at ophøje andre. Vi opfører os ikke dårligt. Og selv om vi har ret, kan vi forstå andre menneskers synspunkter, hvis ikke de er usande.

Fred er at søge alles bedste. Det er ikke at insisterer på personlige meninger, men at sætte andre først. Det er at følge andres ideer og undgå forudindtagethed, og at tage samme hensyn til begge parter i en konflikt eller et givent problem. For at stifte fred må vi ofre os selv. Den spirituelle betydning af fred er derfor at ofre os og endda at ofre livet.

Jesus stiftede fred ved at ofre sig selv

Da Gud skabte det første menneske Adam, var han en levende ånd. Han havde magt til at herske over alt. Men synden kom ind i ham, da han spiste den forbudne frugt, og Adam og alle hans efterkommere blev syndere. Fra da af var der en mur af synd, som skilte mennesket fra Gud.

Som der står i Kolossenserbrevet 1:21: *"Også jer, som før var fremmede og fjendske af sind med jeres onde gerninger."* Mennesket blev fremmedgjort for Gud på grund af synden.

Mennesket blev syndere gennem Adam, og Jesus, Guds søn, blev vores sonoffer. Han døde på korset for at ødelægge muren af synd, som skilte mennesket fra Gud, og skabe fred.

Nogen vil måske spørge: "Hvorfor blev hele menneskeheden syndere bare på grund af Adams synd, når han nu kun var ét menneske?" Det kan sammenlignes med, at der for længe siden var slaver. Hvis man selv var slave, ville alle ens efterkommere også blive født som slaver.

I Romerbrevet 6:16 står der: *"Ved I ikke, at den, I stiller jer til rådighed for som trælle og viser lydighed, må I også være trælle for og vise lydighed, hvad enten det er synden, og det fører til død, eller det er lydigheden, og det fører til retfærdighed?"* Da Adam adlød den fjendtlige djævel og begik en synd, blev alle hans efterkommere syndere.

For at stifte fred mellem Gud og menneskeheden, som var blevet syndere, blev den syndfri Jesus korsfæstet. I

Kolossenserbrevet 1:20 står der: *"Og ved ham at forsone alt med sig, på jorden som i himlene, ved at stifte fred ved hans blod på korset."* Jesus blev sonoffer for vores synders tilgivelse, og han bragte fred mellem Gud og mennesket.

Stifter du fred?

Ligesom Jesus kom ned til denne jord i menneskeligt kød og blev fredsstifter, så ønsker Gud at også vi skal være i fred med alle. Når vi tror på Gud og lærer sandheden, vil vi naturligvis ikke bryde freden med vilje. Men så længe vi har vores egen retfærdighed og tænker, at vi selv har ret, så kan vi alligevel komme til at gøre det uden at være opmærksomme på det.

Vi kan undersøge, hvilken form for menneske, vi selv er, ved at kigge på, om vi tilpasser os andre eller om andre må tilpasse sig os. Lad os for eksempel forestille os et ægtepar. Konen bryder sig ikke om meget salt i maden, men manden kan godt lide det. Konen siger til manden, at det ikke er sundt at spise for meget salt, men han kan godt lide smagen af det. Det forstår konen ikke. Og manden synes ikke, at han uden videre kan ændre smag.

Hvis konen insisterer på, at hendes mand skal følge hendes råd, fordi hun har ret, så kan der opstå skænderier. Hvis vi vil opnå fred, skal vi tage andres synspunkter med i vores overvejelser og forsøge at få dem til at foretage små trinvise ændringer til det bedre.

Når vi ser os omkring, vil det være let at få øje på, at freden brydes på grund af sådanne små ting. Det skyldes, at vi med egen retfærdighed tror, at vi selv ved bedst.

Vi bør derfor undersøge os selv for at se, om vi søger egen vinding før andres, eller om vi insisterer på egne meninger og tror, at det vi selv siger er sandt, selv om vi ved, at vores modpart har det svært. Vi bør også undersøge, om vi kræver af vores underordnede at de ubetinget gør, som vi siger, bare fordi vi selv har en højere rang.

Så kan vi finde ud af, om vi for alvor stifter fred. Generelt er det nemmere at have fred med de mennesker, som er venlige mod os. Men Gud befaler os at være i fred med alle mennesker og stræbe efter helligelse.

"Stræb efter fred med alle og efter den helligelse, uden hvilken ingen kan se Herren" (Hebræerbrevet 12:14).

Vi bør vore i stand til at være i fred med selv de mennesker, som ikke bryder sig om os, hader os, eller skaber vanskeligheder for os. Selv om alt tyder på, at vi selv har ret, så er det ikke rigtigt i Guds øjne at insistere, hvis den anden har det svært eller stødes over det, vi siger. Så hvordan kan vi være i fred med alle?

Vær i fred med Gud

For det første skal vi være i fred med Gud.

I Esajas' Bog 59:1-2 står der: *"Herrens arm er ikke for kort til at frelse, hans ører ikke for døve til at høre. Nej, det er jeres synder, der skiller jer fra jeres Gud; jeres overtrædelser skjuler hans ansigt, så han ikke kan høre jer."* Hvis vi synder, vil en mur af synd skille os fra Gud.

At være i fred med Gud er derfor ikke at have nogen mur af synd og ikke at være adskilt fra Gud.

Når vi tager imod Jesus Kristus, bliver vi tilgivet alle de synder, som vi har begået indtil det aktuelle øjeblik (Efeserbrevet 1:7). Muren af synd, som skiller os fra Gud, bliver dermed ødelagt og freden etableres.

Men vi må huske, at hvis vi bliver ved med at begå synder, efter at vi er blevet tilgivet, så vil der igen blive skabt en mur af synd.

Vi kan forstå af Bibelen, at mange former for problemer skyldes vores synder. Da Jesus helbredte en lammet mand i Matthæusevangeliet kapitel 9, tilgav han ham først hans synder. Derefter helbredte han manden, som havde været lam i 38 år. Hans ord fremgår af Johannesevangeliet 5:14: *"Nu er du blevet rask; synd ikke mere, for at der ikke skal ske dig noget værre."*

Når vi angrer vores synder, omvender os og lever ved Guds ord, kan vi dermed være i fred med Gud. Og vi kan få velsignelser som hans børn. Hvis vi har en sygdom, vil vi blive helbredt; hvis vi har økonomiske problemer, vil de forsvinde og vi vil blive rige. Vi vil på denne måde få svar på hjertets ønsker.

Vær i fred med dig selv

Så længe vi har had, misundelse, jalousi og andre former for ondskab, vil disse ting blive opildnet i forskellige situationer. Og så vil vi lide, fordi de ikke lader os få fred.

Der er et koreansk ordsprog, som siger: "Når din fætter køber jord, får du mavepine." Dette er et udtryk for misundelse. Når man lider under misundelse, har man det dårligt med at andre klarer sig godt. Så længe vi har misundelse, jalousi, arrogance, stridighed, utroskab og andre former for ondskab i hjertet, kan vi ikke have fred. Helligånden i os vil klage sig, og vores hjerter vil være fortvivlede.

Så for at være i fred med os selv må vi skille os af med alle former for ondskab i hjertet og følge Helligåndens ønsker.

Når vi tager imod Jesus Kristus og kommer i fred med Gud, sender Gud Helligånden som gave til vores hjerter (Apostlenes Gerninger 2:38).

Helligånden, Guds hjerte, lader os kalde Gud for "Fader." Han lader os indse, hvad der er synd, retfærdighed og dom. Guds børn kan leve ved ordet ved at lade sig lede af Helligånden.

Når vi praktiserer Guds ord og følger Helligåndens ønsker, vil

Helligånden fryde sig i vores hjerter. Så vil vi have ro i hjertet, og vi vil være i fred med os selv.

I den udstrækning vi skiller os af med ondskaben i vores hjertet vil vi desuden være fri for at kæmpe mod synden, og det vil også give os fred med os selv. Først når vi har fred med os selv, kan vi begynde at få fred med andre.

Få fred mellem mennesker

Til tider kan vi se mennesker, som udfører deres gudgivne pligter med ihærdighed og lidenskab. De elsker Gud og hengiver sig, men de har ikke fred med deres brødre i troen.

Hvis de tror, at det de gør, er gavnligt for Guds rige, så lytter de ikke til andres meninger, men fortsætter lidenskabeligt deres arbejde. Og så kan andre føle sig generet og opleve modstand mod disse mennesker.

I dette tilfælde vil den, som ikke har fred med andre, ofte tænke, at det er den pris, de må betale for at gøre noget nyttigt for Guds rige. De tager sig ikke for alvor af, at andre er uenige med dem eller at de har fået andre til at føle sig generet.

Men personer med stor godhed vil tage alle de berørte med i deres overvejelser, sådan at de kan være i fred med andre og favne dem. Så mange mennesker vil komme til dem.

Godhed er sandhedens hjerte, og sandhed og godhed går hånd i hånd. Godhed er at være venlig og gavmild. Det er at anse andre for at være bedre end en selv og at tage hånd om andre (Filipperbrevet 2:3-5).

I Matthæusevangeliet 12:19-20 står der: *"Han skændes ikke, han råber ikke, man hører ikke hans røst i gaderne. Det knækkede rør sønderbryder han ikke, den osende væge slukker han ikke, til han har ført retten til sejr."* Hvis vi har denne form for godhed, vil vi ikke skændes med andre. Vi vil ikke forsøge at prale eller blære os. Vi vil elske selv de mennesker, der er så svage som et knækket rør eller så onde som en osende væge. Vi vil favne dem og håbe det bedste for dem.

Lad os for eksempel antage, at den ældste søn i en familie køber en rigtig god gave til sine forældre for at vise dem sin kærlighed. Men hvis han kritiserer sin lillebror, som ikke har mulighed for at gøre det samme, hvordan vil forældrene så have det med det? De vil højst sandsynligt hellere have, at deres børn er i fred med hinanden, end at de selv får dyre gaver.

På samme måde vil Gud, at vi skal forstå og efterligne hans hjerte frem for at arbejde enøjet for opfyldelsen af hans rige. Med mindre der er tale om noget direkte usandt, så bør vi tage hensyn til andres svage tro for at opnå fred.

I den tid jeg har været hyrde for denne kirke, har jeg aldrig haft et dårligt forhold til pastorer eller medarbejdere, som ikke har båret tilstrækkelig frugt. Jeg har betragtet dem med tro og overbærenhed, indtil de har fået styrke fra Gud til at fuldføre deres pligter ordentligt.

Hvis jeg havde insisteret på mit eget standpunkt, kunne jeg

Den syvende velsignelse · 115

have rådgivet dem med noget i retning af: "Hvorfor gør du ikke bare et andet arbejde? Du får mere styrke til næste år, og du kan altid vende tilbage til denne stilling." Men jeg har undladt at gøre det af frygt for, at nogen måske ville miste modet. Når vi har godhed til ikke at sønderbryde det knækkede rør eller slukke den osende væge, kan vi være i fred med alle mennesker.

Fred gennem vores offer

I Johannesevangeliet 12:24 står der: *"Sandelig, sandelig siger jeg jer: Hvis hvedekornet ikke falder i jorden og dør, bliver det kun det ene korn; men hvis det dør, bærer det mange fold."* Hvis vi opofrer os fuldkommen på forskellige områder, kan vi få fred og bære rigelig frugt. Når kornet falder til jorden og dør, kan det spire og bære frugt.

Hvad gjorde Jesus? Han opofrede sig fuldkommen. Han blev korsfæstet for os mennesker, som alle er syndere. Han åbnede vejen til frelse og genvandt utallige af Guds børn.

På samme måde kan vi bære fredens smukke frugt, når vi ofrer os og tjener andre, omend det er i familien, på arbejdspladsen eller i kirken.

Alle har forskellige mål af tro (Romerbrevet 12:3). Vi har hver især forskellige meninger og ideer. Vores uddannelsesniveau, personlighed og de omstændigheder, vi er opvokset under, er vidt forskellige, så vi har forskellige standarter for, hvad vi synes om, og hvad vi mener er rigtigt.

Da vi alle har forskellige standarter, kan vi ikke få fred, hvis vi hver især insisterer på det, vi selv mener er rigtigt. Selv om vi måske har ret, skal vi ofre os for at få fred, også selv om det betyder, at vi vil få ulemper ved det.

Lad os forestille os to søstre, som deler værelse, selv om de er meget forskellige. Den ældste kan godt lide, at der er rent, men den yngste er lidt ligeglad. Den ældste beder den yngste om at ændre sig. Men da den yngste ikke høre efter, bliver den ældste irriteret. Hun vil måske blive så irriteret, at der opstår skænderier.

Det er klart, at det er bedre at have et rent værelse, men det er ikke rigtigt at blive vred og såre andre med sine ord. Selv om vi oplever ulemper, bør vi vente med kærlighed på at personen forandrer sig, sådan at vi ikke bryder freden.

Der var engang en dreng ved navn Minson. Han mistede sin mor, da han var lille, og fik senere en stedmoder. Stedmoderen havde to yngre sønner.

Hun behandlede Minson dårligt; hun gav sine egne sønner den gode mad og det gode tøj. Minson rystede af kulde om vinteren, fordi hans tøj var lavet af strå.

En kold vinterdag skubbede Minson bag på en vogn, som hans fra trak. Han rystede så meget af kulde, at hele vognen kom til at ryste. Faderen rørte ved hans tøj, og indså endelig, at det var lavet af strå.

"Hvordan kan hun gøre det?", spurgte faderen rasende, og han var ved at smide sin nye kone ud af huset. Men Minson bønfaldt sin far om ikke at gøre det. "Far, bliv ikke vred. Når hun er her, er der kun én søn, der lider. Hvis du smider hende ud, vil alle tre sønner lide."

Stedmoderen blev berørt af hans ord. Hun angrede sine forkerte handlinger med tårer, og derefter havde de en fredfyldt familie.

På samme måde vil de mennesker, der er blide som bomuld og undlader at skændes, være velkomne og elskede over alt. Sådanne mennesker stifter fred. De kan ofre sig selv for andre, selv om de må give deres liv.

Fredsstifteren Abraham

De fleste mennesker ønsker at have fred i deres liv, men de kan ikke for alvor få det. Det skyldes, at de søger egen vinding og fordel.

Det kan måske se ud som om, vi vil lide tab, hvis ikke vi varetager egne interesser, men det er ikke sandt fra troens synspunkt. Når vi følger Guds vilje og søger andres vinding, vil Gud gøre gengæld for os med sine svar og velsignelser.

I Første Mosebog kapitel 13 ser vi Abraham og hans nevø

Lot. Lot havde mistet sin far tidligt i livet og fulgte derfor Abraham. Så Lot blev også velsignet, når Abraham var elsket og velsignet af Gud. De havde mange besiddelser. Ikke kun sølv og guld, men også meget kvæg. Så der var ikke vand nok, og hyrderne fra de to familier begyndte at skændes.

Til sidst besluttede Abraham at skille sig fra Lot for at undgå skænderier mellem familierne. Abraham gav ham endda retten til at vælge landområde først.

"Se, hele landet ligger åbent foran dig! Lad os gå hver til sit; vil du til venstre, går jeg til højre, og vil du til højre, går jeg til venstre" (Første Mosebog 13:9).

Så Lot tog Jordan dalen, for der var rigeligt vand. Det var egentlig Abrahams skyld, at Lot var velsignet, og da han var onkel og Lot var nevø, burde han selv havde taget den bedste jord. Hvis Abraham havde givet Lot retten til at vælge først uden egentlig at mene det, så ville han have syntes, at Lot handlede forkert ved at tage imod tilbuddet.

Men Abraham ønskede at hjertets grund at hans nevø Lot skulle have den bedste jord. Derfor var han i fred med Lot, og resultatet blev, at han blev endnu mere velsignet af Gud.

Efter at Lot og Abram var gået hver til sit, sagde Herren til Abram: "Se ud over landet, derfra hvor du står, mod nord og syd, mod øst og vest. Hele det land, du ser, vil jeg give dig og dine efterkommere for evigt. Jeg vil lade dine efterkommere blive som jordens støv; hvis nogen kan tælle jordens støv, kan også dine efterkommere tælles. Drag nu omkring i landet, så langt og bredt det er, for jeg giver det til dig" (Første Mosebog 13:14-17).

Derefter blev Abrahams velstand og magt så stor, at han blev respekteret af selv kongerne omkring ham. Han havde et godt hjerte og kunne kaldes "Guds ven."

Den, der søger andres vinding i alt, vil gøre det, som andre vil, i stedet for det, han selv vil. Hvis man slår ham på den højre kind, vil han vende den venstre kind til. Han kan give både sin kappe og sin kjortel, hvis nogen beder ham, og han vil gå to mil med den, som tvinger ham til at gå ét mil med sig (Matthæusevangeliet 5:39-41).

Ligesom Jesus bad for de mennesker, som korsfæstede ham, vil dette menneske også bede for sine fjender og for deres velsignelse. Han vil bede for dem, som forfølger ham. Når vi ofrer os selv af hjertets grund og søger andres vinding, kan vi få fred.

Freden er kun i sandheden

En ting, vi skal være forsigtige med er, at der er forskel på at vente tålmodigt og dække over andres fejl for at have fred, og at ignorere noget forkert. Det at have fred betyder ikke, at vi undgår eller går på kompromis med den person, som synder. Vi skal være i fred med alle, men denne fred skal findes indenfor sandhedens grænser.

Det kan for eksempel ske, at vi bliver bedt om at bukke for familiemedlemmer eller kollegers afguder. Eller at vi bliver tilbudt alkohol. Dette er imod Guds ord (Anden Mosebog 20:4-5; Efeserbrevet 5:18), så vi må afslå og vælge den vej, som behager Gud.

Men vi skal være vise, når vi gør det. Vi bør ikke såre andres følelser. Vi skal til enhver tid være venlige. Vi skal vinde deres hjerter med vores troskab. Så kan vi overtale dem med et mildt hjerte og bede om deres forståelse.

Her er et vidnesbyrd fra en søster i vores kirke. Hun fik nyt arbejde, og havde problemer med sine kolleger i et stykke tid. De ville have hende til at komme med i byen og til andre arrangementer om søndagen, men hun fastholdt søgnedagen som helligdag.

Så hendes kolleger og overordnede hold hende udenfor med vilje. Men hun tog sig ikke af det og fortsatte bare sit trofaste arbejde. Hun gik endda ærinder for de øvrige medarbejdere. Da de så, hvordan kun udgav denne duft at Kristus, blev de berørt. Nu holder de arrangementer på andre dage end søndag, og de planlægger endda deres bryllupper om lørdagen frem for om søndagen.

Velsignelsen at kaldes Guds børn

I Matthæusevangeliet 5:9 står der: *"Salige er de, som stifter fred, for de skal kaldes Guds børn."* Men hvor stor en velsignelse er det egentlig at blive kaldt Guds barn?

Ordet "børn" henviser her til alle Guds børn, men det er lidt anderledes end de børn, som omtales i Galaterbrevet 3:26, hvor der står: *"For I er alle Guds børn ved troen, i Kristus Jesus."* I Galaterbrevet henvises der til de børn, som frelses. Men det udtryk "børn af Gud", som henviser til de mennesker, som stifter fred, har en dybere spirituel betydning. Der er nemlig tale om de sande børn, som selv Gud anekender.

Alle de mennesker, som har accepteret Jesus Kristus og har tro, er Guds børn. I Johannesevangeliet 1:12 står der: *"Men alle dem, der tog imod ham, gav han ret til at blive Guds børn, dem, der tror på hans navn."* Men selv om vi alle er blevet frelst og er Guds børn, så er ikke alle troende ens.

For eksempel er der – ligesom med andre børn – nogle, som forstår deres forældres hjerte og giver dem tryghed, mens andre kun giver forældrene bekymringer.

På samme måde er der selv fra Guds synspunkt nogle børn, som hurtigt skiller sig af med ondskaben i deres hjerter og adlyder ordet, mens andre børn ikke forandrer sig selv efter lang tid. De bliver ved med at være ulydige.

Så hvilke børn vil Gud anse for bedst? Naturligvis de, som ligner Herren, har rene hjerter og adlyder ordet. I Første

Mosebog 17:1 står der: *"Jeg er Gud den Almægtige! Du skal vandre for mit ansigt og være udadlelig."* Gud vil, at hans børn skal være udadlelige og fuldkomne.

Hvis vi skal kaldes Guds børn, skal vi efterligne Jesu, vor Frelsers, billede (Romerbrevet 8:29). Jesus, Guds søn, blev fredsstifteren ved at ofre sig selv gennem korsfæstelsen.

Når vi efterligner Jesus og ofrer os for at stræbe efter fred, kan vi på samme måde kaldes Guds børn. Vi kan også få den samme spirituelle magt og kraft, som Jesus havde (Matthæusevangeliet 10:1).

Ligesom Jesus helbredte mange sygdomme, uddrev dæmoner og genoplivede de døde, så kan vi også helbrede selv uhelbredelige sygdomme såsom kræft, AIDS og leukæmi, når vi kaldes Guds børn.

Selv de lamme, blinde, døve, stumme og de, der lider af børnelammelse, kan kureres. Deres øjne vil se, de vil komme til at gå, og selv de døde vil genopstå.

Djævlen, vores fjende, vil ryste af skræk, så de, der er blevet fanget af dæmoner eller mørkets kraft, vil blive sat fri (Markusevangeliet 16:17-18). Der vil være demonstrationer af helbredende gerninger, som overskrider både tiden og rummets begrænsninger. Ekstraordinære gerninger kan også finde sted gennem fysiske ting, såsom lommetørklæder, hvilket var tilfældet med Paulus (Apostlenes Gerninger 19:11-12).

Og ligesom Jesus beroligede vinden og bølgerne, vil vi også

være i stand til at forandre vejret (Matthæusevangeliet 8:26-27). Regnen vil stoppe, og vi kan endda ændre kursen for en tyfon eller en orkan, eller få dem til at forsvinde. Vi kan også se regnbuer på skyfri dage.

Derudover vil vi komme i Ny Jerusalem, hvor Guds trone står, hvis vi kaldes Guds børn. Der vil vi nyde ære og herlighed som hans sande børn. Hvis vi har tro til at blive frelst, vil vi komme i Paradis, men hvis vi bliver sande børn, som kaldes Guds børn, kan vi komme i Ny Jerusalem, som er det smukkeste sted i det himmelske rige.

Den prins, som overtager tronen, vil få stor ære og herlighed. Så hvis vi efterligner Gud, som er altings hersker, og kaldes Guds børn, vil vores ære og værdighed være enorm! Vi vil blive eskorteret af den himmelske skare og engle, og vi vil blive lovprist af utallige personer i det himmelske rige til evig tid.

Desuden vil vi nyde alle former for smukke ting og storslåede huse i det flotte Ny Jerusalem. Vi vil leve i ubeskrivelig lykke til evig tid.

Vi bør derfor tage vores eget kors og stifte fred med Herren hjerte. Han ofrede sig selv gennem korsfæstelsen, og vi kan på samme måde opnå Guds store kærlighed og velsignelse.

Kapitel 8
Den ottende velsignelse

Salige er de,
som forfølges på grund af retfærdighed,
for Himmeriget er deres

Matthæusevangeliet 5:10

"Salige er de, som forfølges på grund af retfærdighed, for Himmeriget er deres."

Den ottende velsignelse · 127

"Tro på Jesus Kristus og bliv frelst."

"Man vil blive velsignet i alle forhold ved at tro på den almægtige Gud."

Prædikanter siger ofte, at når vi tror på Jesus Kristus, kan vi blive frelst og opnå velsignelser på alle områder, og vi kan få medgang i vores liv og få svar på alle former for livsvanskeligheder. Alene i vores kirke kan vi hver uge forherlige Gud med mange vidnesbyrd.

Ikke desto mindre fortæller Bibelen os også, at der vil være vanskeligheder og forfølgelser, når vi tror på Jesus Kristus. Vi vil få det evige livs velsignelse og velsignelser på denne jord i den udstrækning vi hengiver os og ofrer os for Herrens skyld, men så vil vi også blive udsat for forfølgelser (Filipperbrevet 1:29).

"Sandelig siger jeg jer: Der er ingen, der har forladt hjem eller brødre eller søstre eller mor eller far eller børn eller marker på grund af mig og på grund af evangeliet, som ikke får det hundreddobbelt igen nu i denne verden, både huse og brødre og søstre og mødre og børn og marker, tillige med forfølgelser, og evigt liv i den kommende verden" (Markusevangeliet 10:29-30).

Forfølgelse på grund af retfærdighed

Så hvad betyder det at blive forfulgt på grund af retfærdighed? Det er den forfølgelse, vi bliver udsat for, når vi lever ved Guds ord og følger sandheden, godheden og lyset.

Vi vil naturligvis ikke blive udsat for noget, hvis vi går på kompromis og undlader at leve et ordentligt kristent liv. Men der står i Andet Timotheusbrev 3:12: *"Forfulgt bliver alle, som vil leve et gudfrygtigt liv i Jesus Kristus."* Hvis vi følger Guds ord, kan vi komme ud for vanskeligheder eller blive forfulgt uden grund.

Før vi kom til at tro på Herren, kan vi for eksempel have røget og drukket, og vi kan have været ubehøvlede og opført os dårligt. Men når vi får Guds nåde, må vi forsøge at holde op med at drikke, og at leve et liv i godhed. Så vi vil naturligvis have tendens til at distancere os fra ikke-troende kolleger og bekendte.

Og selv om vi fortsat har kontakt med dem, kan vi ikke længere nyde de samme ting, så de vil måske blive skuffede eller udtale sig negativt om vores nye adfærd.

Før jeg selv tog imod Herren, havde jeg mange venner, som jeg drak sammen med. Jeg kunne også drikke temmelig meget, når jeg var sammen med mine slægtninge. Men efter jeg tog imod Herren, forstod jeg under et vækkelsesmøde, at det er Guds vilje, at vi ikke skal drikke, så jeg holdt straks op.

Jeg serverede heller ikke alkoholiske drikke for hverken mine brødre, andre slægtninge eller venner. Så de beklagede sig over, at jeg ikke sørgede så godt for dem, som jeg burde.

Efter vi tog imod Herren og begyndte at holde Herrens dag hellig, var vi nogle gange forhindret i at deltage i udflugter, som blev afholdt af arbejdspladsen, eller andre sociale begivenheder. I familier, som ikke var kristne, kunne vi til tider blive udsat for forfølgelser, fordi vi ikke ville bukke for deres afguder.

Ondskaben hader lyset

Så hvorfor skal vi lide, når vi tror på Herren? Det kan sammenlignes med, at olie og vand ikke kan blandes. Gud er lys, og de mennesker, som tror på Herren og lever ved ordet, tilhører spirituelt set lyset (Første Johannesbrev 1:5). Men denne verdens hersker er djævlen, vores fjende, og Satan, som er mørkets hersker (Efeserbrevet 6:12).

Så ligesom mørket forsvinder, når der er lys, vil djævlens og Satans herskermagt over verden aftage, når antallet af troende, som er i lyset, tiltager. Den fjendtlige djævel og Satan kontrollere de verdslige mennesker, som tilhører dem. De opildner dem til at forfølge de troende, sådan at de vil forlade deres tro.

> *"For enhver, som øver ondt, hader lyset og kommer ikke til lyset, for at hans gerninger ikke skal afsløres. Men den, der gør sandheden, kommer til lyset, for at det skal blive åbenbart, at hans gerninger er gjort i Gud"* (Johannesevangeliet 3:20-21).

De mennesker, som har gode hjerter, kan blive berørt og tage imod budskabet, når de ser andre leve ved Guds ord i retfærdighed. Men de, som er onde, vil anse det for at være tåbeligt. De hader denne adfærd og forfølger de troende for den.

Nogle vil måske forsøge at overtale de troende med deres logik. De siger: "Hvorfor skal du være så ekstremistisk? Der er mange mennesker, som er opvokset i kristne familier. Nogle af dem er ældre i deres kirker, men de drikker alligevel." Men Guds børn bør ikke udføre den uretfærdighed, som Gud hader, bare fordi deres kolleger, slægtninge eller venner får deres følelser såret i et kort øjeblik.

Gud gav sin enbårne søn til os, som er syndere. Jesus tålte alle former for hån og forfølgelser, og døde endelig på korset, hvor han påtog sig vores synder. Hvis vi tænker på denne kærlighed, kan vi ikke gå på kompromis med verden på grund af nogen form for forfølgelse eller midlertidigt ubehag.

Forfølgelser på grund af retfærdighed

I 605 f.Kr. blev Shadrak, Meshak og Abed-Nego fanget sammen med Daniel under Nebukadnesars invasion af Babylon. Men selv i den fremmede kultur, som var styret af lyst og afgudsdyrkelse, fastholdt de deres ærefrygt og deres tro på Gud.

En dag kom de ud for en vanskelig situation. Kongen lavede en guldstatue og fik hele landets befolkning til at bukke for dem. Hvis nogen var ulydige mod kongens ordre, ville de blive smidt

ind i en ovn med flammende ild
Shadrak, Meshak og Abed-Nego kunne let have undgået problemer ved at have bukket bare en enkelt gang, men de gjorde det ikke.

Som der står i Anden Mosebog 20:4-5: *"Du må ikke lave dig noget gudebillede i form af noget som helst oppe i himlen eller nede på jorden eller i vandet under jorden. Du må ikke tilbede dem eller dyrke dem, for jeg, Herren din Gud, er en lidenskabelig Gud. Jeg straffer fædrenes skyld på børn, børnebørn og oldebørn af dem, der hader mig."*

Til sidst blev Daniels tre venner smidt i ovnen med flammende ild. Deres trosbekendelse i dette øjeblik var rørende!

"Kommer det dertil, så kan vores Gud, som vi dyrker, redde os. Han kan redde os ud af ovnen med flammende ild og ud af din magt, konge. Og selv om han ikke gør det, skal du vide, konge, at vi ikke vil dyrke din gud, og at vi ikke vil tilbede den guldstøtte, du har opstillet" (Daniels Bog 3:17-18).

Selv i denne livstruende situation gik de ikke på kompromis med deres overbevisning. Gud så deres tro og frelste dem fra ovnen med flammende ild.

Forfølgelser på grund af egne mangler

Det er dog vigtigt at huske, at der er mange mennesker, som bliver forfulgt på grund af deres egne mangler, og ikke for retfærdighed, som det var tilfældet med Daniels tre venner.

For eksempel er der nogle troende, som glemmer at passe deres andre forpligtelser, fordi de arbejder for Gud. Hvis en studerende ikke studerer eller en husmor ikke passer huset, fordi de koncentrerer sig om kirkelige aktiviteter, så vil de sikkert blive forfulgt af deres familier. Men årsagen til forfølgelserne er, at de ikke har passet deres studier eller deres huslige arbejde. De tror fejlagtigt, at de bliver forfulgt på grund af, at de arbejder for Herren.

En troende arbejder måske ikke særlig hårdt på sit arbejde, og han forsøger at overlade sine opgaver til andre med de kirkelige aktiviteter som undskyldning. Så vil han blive advaret eller irettesat på sin arbejdsplads. Men det er ikke at blive forfulgt for retfærdighed.

Som der står i Første Petersbrev 2:19-20: *"For det er tak værd, når man med Gud for øje tåler uforskyldte lidelser. Det er ingen ros, at I tåler mishandling, når I fejler. Men hvis I tåler lidelser, når I gør det gode, så er det tak værd for Gud."*

Salige er de, som forfølges på grund af retfærdighed

I Matthæusevangeliet 5:10 står der: *"Salige er de, som*

Den ottende velsignelse · 133

forfølges på grund af retfærdighed, for Himmeriget er deres." Hvorfor står der i Bibelen, at disse mennesker er salige? Hvis man forfølges på grund af ondskab eller lovløshed, kan det ikke være en velsignelse eller en belønning. Men forfølgelsen for retfærdighedens skyld er en velsignelse, for den, der bliver forfulgt på denne måde, vil komme i Himmeriget.

Ligesom jorden bliver hårdere efter regnen, vil vores hjerte blive fasterer og mere perfekt efter at vi har gennemgået forfølgelser. Vi kan finde den usandhed, som vi ikke var bevidste om før, og skille os af med den. Vi kan kultivere sagtmodigheden og freden, og efterligne Herren med hensyn til at elske selv vores fjender. Tidligere ville vi nok være blevet vrede eller have slået igen, hvis nogen slog os på den højre kind. Men gennem forfølgelserne kan vi lære at tjene andre med kærlighed, sådan at vi nu kan vende den anden kind til.

De mennesker, som tidligere blev kede af det og beklagede sig, når de blev udsat for problemer, vil også få en fast tro gennem forfølgelserne. De har nu håb om det himmelske rige og kan være taknemmelige og glade i enhver situation.

Lad mig give et eksempel fra det virkelige liv. En af kirkens medlemmer havde problemer med en kollega og der var konstant stridigheder. Kollegaen bagtalte ofte den troende uden årsag. Hans handlemåde var meget ufølsom, og den troende led under problemerne.

Folk havde ofte sagt til ham, at han var et godt menneske, men ved hjælp af disse vanskeligheder opdagede han, at han også havde had i hjertet. Han besluttede sig for at favne kollegaen i hjertet, for Gud befaler, at vi skal elske selv vores fjender. Så han gav jævnligt kollegaen nogle af de ting, som vedkommende godt kunne lide. I takt med at han bad for sin kollega, opnåede han sand kærlighed til ham, og deres forhold blev tættere og venligere end forholdene til de øvrige kolleger.

I Salmenes Bog 119:71 står der: *"Det var en lykke for mig, at jeg blev ydmyget, så jeg kunne lære dine love."* Gennem lidelser kan vi alle lære ydmyghed. Vi skiller os af med synder og ondskab, sætter vores lid til Herren og bliver helliggjort. Dermed vil forfølgelserne helt naturligt forsvinde.

Hvis vi forfølges for retfærdigheden, vil vores tro vokse. Så vil vi blive respekteret af andre omkring os, og vi vil få både spirituelle og materielle velsignelser af Gud. I den udstrækning, vi opnår retfærdigheden i os selv, kan vi desuden få endnu bedre boliger i det himmelske rige. Så det er en stor velsignelse!

Forskellige himmelske boliger og forskellig herlighed

Så hvilken forskel vil der være i himlen for de mennesker, som er fattige i hjertet og for dem, som bliver forfulgt på grund af retfærdigheden? Der er rent faktisk stor forskel.

I det første tilfælde er der tale om himlen i generel betydning, dvs. det sted, hvor alle de frelste kommer hen. Men det andet tilfælde betyder, at vi vil opnå bedre boliger i himlen, alt efter i hvor høj grad vi er blevet forfulgt for retfærdigheden.

I den udstrækning, vi opnår helliggørelse og blive sande børn af Gud, vil vores bolig og vores belønninger i himlen afhænge af, i hvor høj grad, vi opfylder vores pligter.

I Johannesevangeliet 14:2 står der: *"I min faders hus er der mange boliger; hvis ikke, ville jeg så have sagt, at jeg går bort for at gøre en plads rede for jer?"*

I Første Korintherbrev 15:41 står der også: *"Solen og månen og stjernerne har hver sin glans, og stjerne adskiller sig fra stjerne i glans."* Vi kan forstå af dette, at vores bolig i himlen og vores stråleglans vil afhænge af udstrækningen af retfærdighed.

De fattige af hjertet er dem, som har taget imod Herren og opnået retten til at komme i himmeriget. Fra da af kan vi blive sagtmodige og få rene hjerter ved at sørge og angre vores synder for at skille os af med dem. Det er nødvendigt konstant at vokse i troen ved at følge retfærdigheden uafbrudt.

Kun de mennesker, som indser deres ondskab, skiller sig af med den og bliver hellige gennem forfølgelser og trængsler, kan komme til de bedre boliger i himlen og få mulighed for at se Gud Fader.

Forfølgelser for Herren

I den udtrækning, vi opnår retfærdighed, vil forfølgelserne

forsvinde. I takt med at vores tro vokser og vi bliver stadig mere fuldkomne, vil vi blive respekteret af folk omkring os. Desuden vil vi også få spirituelle og materielle velsignelser af Gud. Vi kan se dette i tilfældet med Daniels tre venner. De blev forfulgt, fordi de fastholdt deres retfærdighed overfor Gud. De blev smidt ind i en ovn med flammende ild, der var syv gange varmere, end den plejede at være, men Gud beskyttede dem. Der blev ikke svedet så meget som et enkelt hår på deres hoved. Da kongen så Guds gerning, priste han Gud den almægtige, og han roste de tre venner.

Men det betyder ikke, at alle forfølgelser bare vil forsvinde, når vi har opnået den fulde retfærdighed ved at praktisere Guds ord. Der findes også forfølgelser, som Herrens tjenere må gennemgå for Guds rige.

"Salige er I, når man på grund af mig håner jer og forfølger jer og lyver jer alt muligt ondt på. Fryd jer og glæd jer, for jeres løn er stor i himlene; således har man også forfulgt profeterne før jer" (Matthæusevangeliet 5:11-12).

Mange trosfædre påtog sig villigt lidelser for at opfylde Guds vilje. Først og fremmest Jesus, som eksisterede i Guds form. Han var skyldfri og lydefri, men han påtog sig syndernes straf. Han blev pisket og korsfæstet under alle former for hån og foragt, for at opfylde frelsens forsyn.

Apostelen Paulus

Lad os se nærmere på apostelen Paulus. Han lagde grundlaget for verdensmissionen ved at prædike budskabet for ikke-jøderne. Under sine tre missionsrejser etablerede han mange menigheder. Men det var ikke let. Vi kan få en fornemmelse af hans problemer gennem denne bekendelse.

> *"Er de Kristi tjenere? Jeg taler rent afsindigt: Jeg overgår dem! Jeg har slidt og slæbt, tit været i fængsel, fået slag i massevis, jeg har været i livsfare mange gange. Af jøderne har jeg fem gange fået fyrre slag minus ét, jeg har fået pisk tre gange, er blevet stenet én gang, har lidt skibbrud tre gange, jeg har drevet rundt på det åbne hav et helt døgn. [...] Jeg har arbejdet og slidt, ofte haft søvnløse nætter, lidt af sult og tørst, ofte fastet, døjet kulde og manglet klæder"* (Andet Korintherbrev 11:23-27).

Der var endda folk, som aflagde ed på, at de ikke ville spise, før Paulus var blevet dræbt. Så vi kan forestille os hvor store lidelser, han må have gennemgået (Apostlenes Gerninger 23:12). Men uanset på hvilken måde, han blev forfulgt, så var han altid glad og taknemmelig, fordi han havde håb om det himmelske rige.

Han var trofast indtil døden overfor Guds rige og retfærdighed, og han sparede end ikke sit eget liv (Andet Timotheusbrev 4:7-8).

Det er ikke sådan, at gudelige mennesker lider, fordi de ikke har kraft. Da Jesus var på korset, kunne han have tilkaldt mere end 12 legioner af engle og have ødelagt alle de onde, hvis han havde ønsket det (Matthæusevangeliet 26:53).

Både Moses og apostelen Paulus havde så stor kraft at folk ligefrem anså dem for guder (Anden Mosebog 7:1; Apostlenes Gerninger 14:8-11). Når folk bragte de tørklæder eller bælter, som Paulus havde båret, til de syge, forlod sygdommen dem og dæmonerne blev uddrevet fra dem (Apostlenes Gerninger 19:12).

Men da de vidste, at Guds forsyn ville blive opfyldt i endnu højere grad gennem deres lidelser, forsøgte de ikke at undslippe dem, men påtog sig dem med glæde. De prædikede Guds vilje med glødende lidenskab og gjorde det, som Gud havde befalet dem.

Vi får store belønninger, når vi fryder os og er glade

Selv om vi bliver forfulgt for Herrens navn, kan vi fryde os og være glade, for vi vil få en stor belønning i det himmelske rige (Matthæusevangeliet 5:11-12).

I gamle dage var der loyale ministre, som var villige til at ofre deres liv for kongen. Kongen ville så belønne dem med yderligere lovpris og ære. Og hvis ministeren døde, ville kongens belønning blive givet til hans børn.

Som der står i Johannesevangeliet 15:13: *"Større kærlighed* har ingen, end den at sætte sit liv til for sine venner." Ministrene beviste deres kærlighed til kongen ved at ofre deres liv for ham.

Hvis vi blive forfulgt og endda opgiver livet for Herren, hvordan kan Gud, som er altings hersker, da undlade at belønne os? Han vil overøse os med utænkelige himmelske velsignelser. Og han vil give os den bedste bolig i himlen. De, som er blevet martyrer for Herren, vil blive anerkendt for at elske Herren af hjertets grund. De vil mindst komme i det tredje rige i himlen eller måske endda i Ny Jerusalem.

Selv om vi ikke er fuldt ud helliggjort, så er det at ofre livet og blive martyr tegn på, at vi vil have mulighed for at blive fuldkommen hellige, hvis vi får mere tid.

Apostelen Paulus led meget, og gav endda livet for Herren. Han kommunikerede klart med Gud og oplevede mange spirituelle ting fra himlen. Da han havde set Paradis, bekendte han: *"Jeg mener nemlig, at lidelserne i den tid, der nu er inde, er for intet at regne mod den herlighed, som skal åbenbares for os"* (Romerbrevet 8:18).

Han siger også i Andet Timotheusbrev 4:7-8: *"Jeg har stridt den gode strid, fuldført løbet og bevaret troen. Nu har jeg retfærdighedens sejrskrans i vente, som Herren, den retfærdige dommer, på den dag vil give mig."*

Gud glemmer ikke trofastheden og anstrengelserne blandt de mennesker, som bliver forfulgt eller endda bliver martyrer for

Herren. Han tilbagebetaler et sådant offer med en overflod af ære og belønninger. Som apostelen Paulus fortalte, vil der være forbløffende belønninger og herlighed i vente.

Selv om vi rent faktisk ikke mister vores fysiske liv, så vil alt det, vi gør for Herren med martyriets hjerte og alle de forfølgelser, vi gennemgår for Herren, blive godtgjort med belønninger og velsignelser.

De mennesker, som fryder sig og er glade, selv om de bliver forfulgt for Herren, vil få svar fra Gud på deres hjertes ønsker og få opfyldt deres behov, hvilket vil bevise, at Gud er med dem. I den udstrækning de overvinder vanskeligheder, vil deres tro vokse; de vil få større magt og autoritet, kommunikerer mere klart med Gud og være i stand til at manifestere store gerninger med Guds kraft.

Men rent faktisk vil de mennesker, som ofrer deres liv for Herren, være ligeglade selv om de ikke får noget tilbage her på denne jord. De vil blot fryde sig endnu mere, for ingenting kan sammenlignes med den himmelske velsignelse og belønningen, som de senere vil få.

Velsignelser til de mennesker, som deltager i Herrens lidelser

Vi bør huske på endnu en ting. Når et gudeligt menneske lider for Herren, så vil de mennesker, der er med ham, også blive velsignet.

Da David blev forfulgt af sønnen Absalom på grund af sin synd, vidste de mennesker, som var trofaste, at David var et gudeligt menneske. Selv om deres liv var truede, blev de stadig hos ham. Endelig fik David endnu engang Guds nåde, og de, som fulgte ham, fik ligeledes stor nåde.

Det er den retfærdige Guds vilje, at når et menneske lider for Herrens navn, så vil de, som er med ham med sande hjerter, også få del af denne herlighed senere. Jesus sagde også til sine disciple, at der ville være muligt at få himmelske belønninger, for derved at give dem mere håb.

"Jer er det, der er blevet hos mig under mine prøvelser, og ligesom min fader har overdraget mig Riget, overdrager jeg det til jer, for at I skal spise og drikke ved mit bord i mit rige, og I skal sidde på troner og dømme Israels 12 stammer" (Lukasevangeliet 22:28-30).

Vores kirke og jeg har gennemgået mange forfølgelser for at opnå Guds rige. Da vi vidste, at det var Guds vilje, bad vi for dybe spirituelle ting, selv om vi vidste, at dette også kunne skabe forfølgelser for os.

Vi gennemgik mange vanskeligheder, som var næsten ubærlige for mennesker, og overlod alt i Guds hænder med bønner og faste. Så gav Gud os endnu større kraft som bevis på, at han var med os. Han lod os manifestere mange tegn og undere. Der blev helbredt adskillige sygdomme og lidelser såsom børnelammelse, blindhed og døvhed, og kropsdele, som havde været svage siden fødslen, blev helbredt.

Desuden ledte vi hundred tusindvis eller endda millionvis af mennesker hen til Herrens side gennem kampagner i mange lande. En af disse kampagner fik hele verdens opmærksomhed, idet den blev udsendt over CNN (Cable News Network).

I 2005 blev GCN (Globalt Christian Network) etableret og begyndte at sende 24 timer i døgnet i New York City og New Jersey. Bare et år efter etableringen velsignede Gud os sådan at alle og enhver nu kan se udsendelserne overalt i verden via satellit.

Kampagnen i New York i juli 2006, som blev afholdt i Madison Square Garden i New York City blev udsendt til mere end 200 lande rundt om på jorden gennem forskellige kristne TV stationer såsom GCN, Cosmovision, GloryStar Network og Daystar TV.

Denne form for herlighed bygger på de tårefulde bønner fra kirkens medlemmer. De fleste af kirkens medlemmer holdt fast i kirken med bønner og faste, når kirken gennemgik vanskelige situationer.

De mennesker, som deltog i disse lidelser sammen med Herren, havde stort håb om det himmelske rige. De voksede op til at have en modig og spirituel tro. Alle disse ting blev givet til dem som velsignelser. Deres familier, arbejdspladser og virksomheder blev velsignet, og de ærer Gud med deres mange vidnesbyrd.

De mennesker, som søger de sande velsignelser, er i stand til at fryde sig og glæde sig af hjertets grund, når de forfølges for Herren. Det skyldes, at de ser frem til de evige velsignelser, som de vil få i himmeriget.

Den som stræber efter sande velsignelser

Det, som er i velsignelse i Guds øjne, er meget anderledes end det, som verdslige mennesker tænker på som velsignelser.

De fleste tror, at det at være rig er en velsignelse. Men Gud siger, at de fattige af hjertet er salige. Folk tror, at det er en velsignelse altid at være glad. Men Gud siger, at de, som sørger, er salige. Gud siger, at de, som sulter og tørster efter retfærdighed, og de, som er sagtmodige, er salige.

Saligprisningerne indeholder den sande og velsignede vej til at opnå himlens rige med et fattigt hjerte ved at efterligne Guds hjerte under forfølgelser.

Så hvis vi bare adlyder ordet, vil vi være i stand til at skille os af med alle former for ondskab og fylde vores hjerter med sandheden. Vi vil være i stand til fuldstændig at genskabe Guds sagtmodige og hellige billede, og behage Gud. Dette er vejen til at blive et troende menneske og et menneske med en fuldkommen ånd.

Dette menneske er som et træ, der er plantet ved vandet. Træer, der plantes ved vandet, får hele tiden frisk vand. Selv i tørke eller på varme dage kan de have grønne blade og bære frugt i overflod (Jeremias' Bog 17:7-8).

De troende, som lever ved Guds ord, hvorved de velsignes, vil ikke have noget at frygte selv under vanskeligheder. De vil altid opleve, at der bliver tager hånd om dem i Guds kærlighed og velsignelser.

Jeg beder derfor i Herrens navn om at læseren vil se frem til den herlighed, som vil blive åbenbaret, og kultivere Saligprisningerne i sig selv. Jeg beder for, at alle vil være i stand til at nyde de sande velsignelser, som Gud Fader giver, både på denne jord og i himlen.

*"Lykkelig den, som ikke vandrer
efter ugudeliges råd,
som ikke går på synderes vej
og ikke sidder blandt spottere,
men har sin glæde ved Herrens lov
og grunder på hans lov dag og nat.*

*Han er som et træ,
der er plantet ved bækken;
det bærer frugt til rette tid,
og dets blade visner ikke.
Alt, hvad han gør, lykkes for ham."*
(Salmernes Bog 1:1-3)

Forfatteren:
Dr. Jaerock Lee

Dr. Jaerock Lee blev født i Muan, Jeonnam provinsen, i den koreanske republik i 1943. Da han var i tyverne, led han af en række uhelbredelige sygdomme syv år i træk, og ventede på døden uden håb om bedring. Men en dag i foråret 1974 tog hans søster ham med i kirke, og da han knælede for at bede, helbredte den Levende Gud straks alle hans sygdomme.

Fra det øjeblik hvor Dr. Lee mødte den Levende Gud gennem denne vidunderlige oplevelse, elskede han Gud oprigtigt af hele sit hjerte, og i 1978 blev han kaldet som Guds tjener. Han bad indtrængende om klart at forstå og opfylde Guds vilje, og adlød alle Guds bud. I 1982 grundlagde han Manmin Centralkirke i Seoul, Korea, og siden da har utallige af Guds gerninger fundet sted i denne kirke, inklusiv mirakuløse helbredelser og undere.

I 1986 blev Dr. Lee ordineret som pastor ved den årlige forsamling for Jesu Sungkyul kirke i Korea, og fire år senere i 1990 begyndte hans prædikener at blive udsendt til Australien, Rusland, Filippinerne og mange andre steder gennem det Fjernøstlige Udsendelsesskab, Asiatisk Udsendelsesstation og Washington Kristne Radio.

Tre år senere i 1993 blev Manmin Centralkirke placeret på Top 50 for kirker over hele verden af magasinet *Christian World* i USA, og Dr. Lee modtog et æresdoktorat i guddommelighed fra Fakulteter for Kristen Tro i Florida, USA, og i 1996 en Ph.D i præsteembede fra Kingsway Teologiske Seminar, Iowa, USA.

Siden 1993 har Dr. Lee været en førende person i verdensmissionen gennem mange oversøiske kampagner i Tanzania, Argentina, Los Angeles, Baltimore City, Hawaii, New York City, Uganda, Japan, Pakistan, Kenya, Filippinerne, Honduras, Indien, Rusland, Tyskland, Peru, Congo, Israel og Estland.

I 2002 blev han anerkend som en "verdensomspændende pastor" af en større kristen avis i Korea på grund af hans kraftfulde virke under mange oversøiske kampagner. Hans kampagne i New York 2006, som blev afholdt i Madison

Square Garden, verdens mest berømte arena, skal særligt fremhæves. Dette arrangement blev udsendt til 220 forskellige lande. Desuden afholdt han en Fælles Kampagne i Israel i 2009 på det Internationale Kongrescenter (ICC) i Jerusalem, hvor han frimodigt forkyndte at Jesus Kristus er Messias og Frelser.

Hans prædikener bliver udsendt til 176 lande via satellitter, deriblandt GCN TV, og han er komme med på listen over de "10 mest indflydelsesrige kristne ledere" i 2009 og 2010 af det populære kristne russiske blad I sejr og nyhedsbureauet Christian Telegraph for hans kraftfulde virke over TV og som pastor for kirken i udlandet.

Siden maj 2018 har Manmin Centralkirke været en menighed med mere end 130.000 medlemmer. Der er 11.000 inden og udenrigs søsterkirker over hele kloden, og der er indtil videre udsendt mere end 102 missionærer til 26 lande, inklusiv USA, Rusland, Tyskland, Canada, Japan, Kina, Frankrig, Indien, Kenya og mange flere.

Indtil nu har Dr. Lee skrevet 111 bøger, blandt andet bestsellerne *En Smagsprøve på Det Evige Liv før Døden; Mit Liv, Min Tro (I) & (II); Budskabet fra Korset; Målet af Tro; Himlen I & II; Helvede* og *Guds Kraft* og hans værker er blevet oversat til mere end 76 sprog.

Hans kristne artikler er udsendt i *Hankook Ilbo, JoongAng Daily, Dong-A Ilbo, Chosun Ilbo, Seoul Shinmun, Kyunghyang Shinmun, The Korea Economic Daily, The Korea Herald, Shisa News* og *The Christian Press.*

Dr. Lee er for øjeblikket leder af mange missionsorganisationer og foreninger, blandt andet bestyrelsesformand for Korea Forenede Hellighedskirke, Præsident for Manmin verdensmission, Grundlægger og bestyrelsesformand for det Globale Kristne Netværk (GCN), Grundlægger og Bestyrelsesformand for Verdensnetværket af Kristne Læger (WCDN) og Grundlægger og Bestyrelsesformand for Manmin Internationale Seminar (MIS).

Andre stærke bøger af samme forfatter

Himlen I & II

En detaljeret skitse af det prægtige liv som de himmelske borgere vil nyde, og en beskrivelse af forskellige niveauer af himmelske riger.

Budskabet fra Korset

En stærk vækkelsesbesked til alle menneske, som sover i spirituel forstand. I denne bog vil du se årsagen til, at Jesus er den eneste Frelser, og fornemme Guds sande kærlighed.

Helvede

En indtrængende besked til hele menneskeheden fra Gud, som ikke ønsker at en eneste sjæl skal falde i helvedes dyb! Du vil opdage en redegørelse, som aldrig før er blevet offentliggjort, over de barske realiteter i Hades og helvede.

Mit Liv, Min Tro I & II

En velduftende spirituel aroma, som er et ekstrakt af den uforlignelige kærlighed til Gud, som blomstrede op midt i mørke bølger, under det tungeste åg og i den dybeste fortvivlelse.

Målet af Tro

Hvilken slags himmelsk bolig og hvilken slags krans og belønninger er blevet gjort klar i himlen? Denne bog giver visdom og vejledning til at måle sin tro, og kultivere den bedste og mest modne tro.

www.urimbooks.com

www.ingramcontent.com/pod-product-compliance
Lightning Source LLC
LaVergne TN
LVHW092047060526
838201LV00047B/1272